楊思遠 著

假裝自己很外向，你在迎合什麼？

外向孤獨者的勇氣之書

序

午夜。

坐在回家的計程車上，周祺戴上耳機，癱在後座上，一邊瀏覽著城市的夜景，一邊聽著音樂。「啊，終於可以放鬆一下了！」此刻，她忍不住發出這樣的慨嘆。

就在兩個小時之前，身為一家企業市場部總監的她，還在公司舉辦的晚宴上和客戶們推杯換盞，笑語盈盈。她周到而細心地穿梭在新舊朋友之間，詢問他們對公司的產品和服務有什麼意見，偶爾和其中一些人商量最近去哪裡打場球。

她性格陽光開朗，總是表現得積極主動，讓所有人都覺得她能量滿滿。但只有她自己清楚，在熱情爽朗的外表下，她早已身心俱疲。她很想找一個安靜的地方，無人打擾，只是一個人待著。

生活中，你是否也有過這樣的時刻？

在很多人面前極力表現出一副開朗的樣子，內心卻疲憊不堪；在各種聚會活動中看似和誰都很熟絡，內心卻覺得很孤獨；身邊人都說你很外向，但你自己明白，這一切不過是偽裝出來的……

「外向」只是你慣用的一張面具，幫你隱藏了真實的自己。我稱之為「假性外向」。

「外向」這個詞最早是由心理學家榮格提出的——他在一九二一年出版的代表著作《心理類型學》中提出了「內向」和「外向」的概念。他認為，「內向」的人能量指向內部，從獨處中獲取能量，因此更喜歡安靜；「外向」的人能量指向外部，從社交中獲取能量，因此大多開朗活潑，喜愛社交。

在社會發展的過程中，「內向」和「外向」更常被用來描述人的性格特徵。當我們說一個人很「外向」的時候，大腦中會自動浮現出這個人開朗健談的畫面；而當我們說一個人「內向」的時候，就會不自覺地給他打上「木訥」「不善言辭」「沒什朋友」等一系列標籤。

人是社會型動物，想要自身獲得發展，就需要不斷地與社會進行聯結。客觀來講，性格外向的人確實比性格內向的人更容易完成與他人的聯結，這就導致我們整個現代社會更加崇尚「外向」。

無論是學校教育還是家庭教育，我們總是被宣導做一個外向的人：老師教導我們要「融入團體」「積極主動」，家長告訴我們「見到親戚朋友要主動問好」。整體的社會偏好如此，於是「內向的人」彷彿成了不受歡迎的代表，甚至在某些時候，性格內向被視為失敗的注腳。在這種集體無意識的作用下，「內向的人」往往也悄悄地給自己貼上了「我不好」「我不應該這樣內向」的顯著標籤。

因為覺得「我不好」「我不應該這樣內向」，「內向的人」開始尋求改變，他們努力讓自己看起來外向一些，努力迎合這個社會的「標準」，以期獲得精神上的認同，滿足內心深處對歸屬感的渴求。

當很多人不顧自己內心的真實感受，開始扮演「外向」時，「假性外向」便有了真實的演繹空間。

當然，「假性外向」並非一個完全負面的詞彙。由於社會角色的需要，我們每個人在人際互動過程中多多少少會戴上一些人格面具，「假性外向」便是其中之一。

就像前面提到的周祺，由於工作需要，她在一些特定的場合必須表現出自己的外向，以確保工作能夠順利開展。在這種情況下，「假性外向」非但不是負面的詞彙，反而有諸多積極的意義。

「假性外向」真正的問題，不是你在社交中展現出自己開朗健談的一面，而是你忽略了自己內在的真實感受，否認自己的內向性，試圖把自己完全改造成一個符合大眾期待的所謂「外向的人」。你可能常常會開懷大笑，但是你知道，自己其實一點都不快樂。

再以周祺為例，假如她真的是一個內向的人，在特定的工作場合扮演「外向」之餘，她必須承認自己的內向，每天給自己留出一些獨處的時間，獲得心理能量。這也意味著，她需要拒絕一些善意的邀請，承擔可能引起的誤解或非議。如果做不到這些，而是一味地滿足他人，努力成為「外向的人」，那麼她的心理能量將會持續消耗下去，使身心健康受到極大的影響。

我們表現出自己外向的一面，甚至假裝自己很外向，這些都不是問題，問題是不要否認自己的內向，不要完全活在他人的期待裡，也不要忽略了自己最真實的感受。

當全世界都在為「外向」歡呼喝采的時候，我們可以淡定地回應：「內向，也很好。」

我希望你常常開懷大笑，但不是出於假裝，而是因為真的快樂。

目錄

第二章

內在療癒

第三章

邊界思維

第四章

關係真相

第五章

自我重塑

第一章

外向孤獨

我們如果能夠允許自己讓別人失望，
就不會強迫自己成為所謂的社交達人，
也不會那麼在意別人的喜怒哀樂。
不想社交疲勞，請從敢讓別人失望開始。

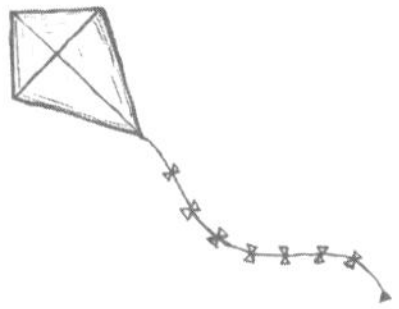

成為別人的開心果，卻做不了自己的守護神

段麗麗是大家公認的開心果。無論是誰發起的聚會，只要有她在，就沒有熱不起來的場子。也正因如此，她的生活中從不缺聚會。

聰明、大方、熱情、幽默……這是身邊大多數人對她的印象。可是，她不明白為什麼，總是隱隱覺得那不是真實的自己，在陽光的外表下，好像藏著一個疏離、不愛與人打交道的孤獨的自我。

「為什麼每次聚會之後，我都覺得有點心累？」「為什麼我時常有一種想要逃離人群的衝動？」「熱情？冷漠？到底哪一個才是真正的我？」

在得到了「聚會達人」稱號的同時，段麗麗時常產生這樣的困惑。

事實上，每個人都有一個「敘事性自我」——會在一段時間內，給自我表現賦予一定的意義，但答案往往卻是「我是誰」這個永恆的疑問。

如果在這段時間裡，我們的表現是穩定連續的，那麼「敘事性自我」很容易就能表達出「我是誰」；但如果我們的表現是混亂衝突的，那麼我們就無法獲得「我是誰」的答案，在內心深處引發關於自我認同的焦慮。

段麗麗到底怎麼了？為什麼明明很開朗的人，卻總覺得自己有點孤獨？你是否也和她一樣，迫不及待地想要得到這個問題的答案？

仔細回想一下，我們身邊那些「聚會達人」，他們除了永遠能量滿滿、充滿熱情外，是否有以下不太被人注意的特點：他們總是能夠輕易打開別人的內心，擅長捕捉不易被察覺的情緒；總能讓和他們聊天的人感覺很舒服；他們好像特別擅長自嘲，總是表現得沒什麼需求……

透過以上描述，你看到了什麼？除了「聚會達人」的光環，有沒有看到一個隱藏著的稱為「情緒貢獻者」或「情緒照料者」的人物形象呢？

想想看，在一場又一場的聚會中，一個人想讓大家都對他滿意，獲得五星好評，就要照顧所有人的情緒，滿足所有人的需求。他怎麼可能不感到心累呢？

漠視自己的情緒需求，而選擇做別人的情緒能量站——這就是成為「聚會達人」的秘訣，卻也是感到心累和孤獨的原因。

不是每個人都能成為像段麗麗那樣的社交達人，因為這需要一種「天賦」：對他人情緒的高敏感度。

在很小的時候，她就發現了自己的這種「天賦」。例如在課堂上，能敏銳地察覺到老師什麼時候即將生氣；下課時和同學玩耍，透過某個同學快速閃過的眼神，就能判斷出對方是否想和自己玩。

像這樣對情緒高敏感的人，在生活中有很多共通性。

一、有極強的共感能力

例如讀一本書或者觀看一部戲的時候，他們能夠輕易「入戲」，讓情緒隨著虛構人物的命運大起大落。此外，他們特別能夠理解別人的感受，所以生活中很多人願意和他們說出知心話。

二、觀察細節的能力特別強

他們自己也不太清楚，為什麼會注意到別人沒注意到的細節，同時會不自覺地對這些細節進行分析，並做出進一步的回饋。

三、習慣委屈自己，遷就他人

他們不僅善於發現他人的情緒，還懂得照料，常常為了顧及他人的情緒而委屈了自己。

這種情緒高敏感度是如何形成的？

有些人是遺傳因素之故，也就是說這些人的大腦結構屬於先天異常敏感和過度共感，但也有一些人是由後天的生長環境造成的。

當被問及小時候有什麼特別的經歷時，段麗麗想起了自己有過一段寄宿的日子。從小學三年級到國中畢業，由於家比較遠，她一直寄宿在舅舅家。雖然舅舅和舅媽和藹可親，但在她的記憶裡，那段時間一直過得小心翼翼。

例如她會刻意控制自己的飯量，不要吃得太多；常常很快地做完作業，然後主動幫舅媽做些家務；她很喜歡吃的零食也不敢多吃，因為要留給表妹……她之所以這麼做，是因為擔心舅舅和舅媽不喜歡自己，也怕自己給他們添麻煩。正是從那時候起，她對別人情緒的變化開始特別敏感。

寄宿的舅舅家，始終是一種「缺乏安全感的環境」。在這樣的狀況下，她無法做到真正的放鬆，反而讓自己陷入一種焦慮的狀態。為了應對這種焦慮，她必須對周圍環境的變化做出敏銳的反應，以免受到傷害。舅舅和舅媽雖然不會傷害她，但是對於一個未成年的孩子來說，「不受歡迎」可能已經是一種難以承受的傷害。她的敏感，不過是自我保護的一種方式。

除了「缺乏安全感的環境」，「批評性環境」也容易培養出情緒高敏感的孩子。這種家庭，父母平時很少誇獎孩子，但只要孩子犯了錯誤，父母立刻就會數落。如果達不到父母的期望和要求，父母就會更加嚴厲地教訓，讓孩子深深意識到「我簡直太糟糕了」。

父母的這些負面批判，會內化為孩子對自己的負面評價，為了擺脫「我簡直太糟糕了」的感受，會變得格外敏感，會盡力顧及父母的情緒，因為只有他們開心，才意味著「我是好的」。長大之後依然忍不住討好別人，以保證對方處在良好的情緒狀態中。

在釐清自己情緒高敏感的成因後，段麗麗有了新的疑問：「怎樣才能在成為社交達人的同時，不會那麼心累呢？」這是她需要花時間去認真完成的個人探索。

她需要搞清楚的問題是：「為什麼一定要是社交達人？不是可以嗎？」

她幾乎不假思索地回答：「當然不可以啊！」問她：「為什麼不可以？」她思考了好一陣子，說道：「不是社交達人，就意味著沒那麼多朋友、我不被那麼多人需要，那樣我就沒那麼有價值了，所以不可以。」

也就是說，她無法接受的不是做不了社交達人，而是自己不被需要、自己沒有價值。換言之，真正驅使她成為社交達人的動力，是內心深處的恐懼。**一個人在恐懼的時候，自然就會妥協、退讓，過度捲入他人的情緒裡，強迫自己做一個老好人，結果當然會心累。**

想要社交自如，但又沒那麼心累，我們就需要放下自己的恐懼。然而這並不容易，因為這需要擁有非常穩定且強大的自我核心。

改變自我核心是一個漫長的、艱難的過程，改變認知則相對簡單。

對於段麗麗來說，她沒有意識到「我必須對別人的情緒負責，否則他們會不喜歡我」這個寄宿生活帶給她的錯誤認知。然而，別人的情緒大多和我們毫無關係，我們也不需要對別人的情緒負任何責任。

我們如果能夠確定這一點，並且在生活中時時自我提醒，就不會在社交中感到那麼心累。

之所以在意別人對自己的評價，是因為我們無法接受他人對自己感到失望，以及自己對自己感到失望。但實際上一個人無論如何努力，都無法讓所有人滿意。

我們如果能夠允許自己讓他人失望，就不會強迫自己一定要變成所謂的社交達人，也不會那麼在意他人的喜怒哀樂。

不想社交疲勞，請從敢讓別人失望開始。

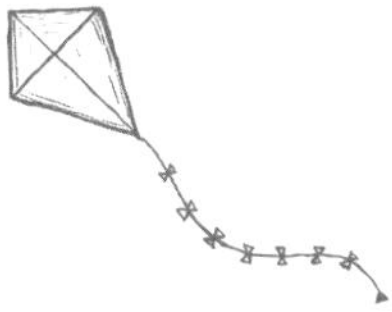

表達難過，並不可恥

你身邊有沒有這樣的人：總覺得他們過得不錯，工作很順利，戀愛很甜蜜，人際關係也很融洽，讓你羨慕不已。他們總是臉上掛滿笑容，除了把自己的生活打理得井井有條，還常常為別人答疑解惑。

但如果深入了解，可能會發現其實他們同樣被一堆問題纏身，或許正處於一段人際關係的危機之中，或許正陷入情緒低潮，又或許正面臨債務危機……

但是，他們會把這一切隱藏起來，呈現出一種「我很好，我過得很不錯」的假象。

有人說，成年人的世界，悲喜自渡。展露自己的脆弱，而不是展現自己的成熟，沒有任何好處。

所以，很多人在成為成年人的路上，慢慢學會了隱藏自己內心的脆弱和不安。

聽上去似乎很有道理，但是如果長期把自己的脆弱和不安隱藏起來，生活真的能夠好起來嗎？自己真的能變得成熟嗎？

恐怕未必如此。

二〇二一年，有則消息在教育界引發熱議，美國埃默里大學牛津學院的中國留學生張某某自殺了。

張某某是一個典型的模範生，從小成績優異，托福成績接近滿分。在老師和同學們的印象中，他個格開朗，常常面帶微笑。

這樣一個性格外向、各方面表現都很優秀的人，竟然選擇了自殺。

有人猜測，張某某極有可能患上了「微笑憂鬱症」。

微笑憂鬱症，是一種非典型的憂鬱表現形式。患者在別人面前表現得很開心，甚至很有幽默感，但在微笑和樂觀的面具背後，他們的內心卻充滿了無價值感，甚至是絕望。就像很多人在朋友面前保持著很開心的狀態，當自己獨處的時候，卻常常感到悲傷。

近些年，我們常常看到類似的新聞事件，一些平時看上去開朗樂觀的公眾人物因自殺而離世。

微笑憂鬱症，已經成為潛伏在我們身邊的殺手。

那些平時習慣表現得「我很好」的人，需要警惕的是：所有被你刻意隱藏起來的負面情緒，可能會帶來超乎想像的影響。也許一開始這些負面情緒只是讓你感覺身體不適，例如失眠或者精神萎靡；但負面情緒在累積到一定程度時，便會將你推向絕望的深淵。

大多數人的憂鬱，其實都和自我壓抑有關。

自我壓抑是指當情緒被喚起時，一個人不做出任何表達性的舉動，而是克制自己釋放出表現該情緒的表情、行為和語言等，以此掩藏自己當下的情緒。

除了情緒外，這類人往往還會壓抑自己的想法和欲望。一個人選擇自我壓抑，通常和其隱密的潛意識相關。

記得有一次，我正打算出門辦事，剛走出家門，就聽到對門鄰居家的孩子在哇哇大哭。伴隨著孩子的哭聲，還有大人的吼罵：「你再哭，再哭我就打你，聽見沒有？」

大人責罵不休，孩子哭得更大聲了。接著媽媽真的又打了孩子，於是孩子哭得更加撕心裂肺……

站在門口的我實在聽不下去，忍不住過去按了一下門鈴。那位母親隔著防盜門看著我，冷漠地問了一句：「什麼事？」

我很克制地說：「聽孩子哭了這麼久，妳應該也教訓得累了吧，差不多可以了。」

那位媽媽冷冷地瞥了我一眼，丟下一句「神經病」，然後重重地關上了門。

聽著孩子的哭聲，我只好無奈地離開。

從事心理諮詢的這些年，我遇到過很多諮詢者，他們小時候都有過和那位小孩類似的經歷：被父母責罵還不准哭，只要一哭，就打得更厲害，一直打到不哭為止。慢慢地，他們真的習慣了被打的時候不吭一聲。

如同這個被打的小男孩，一個人在成長過程中，如果他的自我表達總是被忽視，或者總是遭到他人的否定和壓制，那麼他就會漸漸地學會用壓抑代替表達。

那些總是向外界表達「我很好」「我過得不錯」的人，只是在表面上努力地展現自己身為成年人的體面，內心深處卻潛藏著深深的恐懼。他們害怕的是自己的脆弱和不安，無法得到別人的回應。

有些人自我壓抑的形成，甚至發生在生命更早的時期。在佛洛伊德描述的心理發展階段中，零到一歲被稱為「口腔期」。嬰兒是透過口腔活動與這個世界進行聯結並獲取快感的，所以喜歡將各種各樣的東西往嘴裡塞，這就是口腔期的典型特徵。

在口腔期，嬰兒會體驗和母親從共生到第一次分化（斷奶）的心理發展過程，如果這個過程發展得比較好，就會為孩子將來獨立人格的塑造、邊界意識的建立等奠定良好的基礎；反之則容易出現相應的問題，例如孩子長大之後很可能會表現出表達困難、言語錯亂等行為特徵。

為了更清楚了解這個階段形成的表達障礙，我們可以假設一個情境：

你是剛出生沒多久的嬰兒，家門口轟隆隆的火車聲經常讓你感到害怕，於是你用哭聲表達恐懼。而母親並不怎麼理會你的哭鬧，偶爾還會帶著責怪的語氣拍你幾下。你從母親的回饋中看到自己的「不可愛」「不乖巧」「不懂事」，於是開始在潛意識裡責怪自己，並深深地感到羞恥。與此同時，你認為用哭聲來表達自己的感受是對母親的攻擊，讓她不開心。

儘管事實上你並沒有錯，但你還是在潛意識裡認同了自己的羞恥感，認為表達自己，就是對別人的攻擊。

長大後，這個潛意識使你經常允許別人跨過界限對你進行心理掠奪，即使你感到難受，也從來不懂得拒絕。因為懼怕表達自己的難過，那意味著你要體驗與之伴隨的羞恥感。

那些偽裝自己「過得很好」的人，他們內心被過度壓抑的負面情緒，終將以更加激烈的方式表現出來，像是焦慮症、憂鬱症、強迫症等。

偽裝必然伴隨著內心的恐慌，在隱藏的同時害怕被發現、被戳破，所以假裝「我很好」，但這樣就會妨礙與他人建立真實而深刻的聯結。

一個人要想真的讓自己變好，就要敢於表達自己的情緒和感受，敢於袒露內心的脆弱和不安。

在我諮詢的個案裡，有個案例讓我印象深刻，那是一位習慣自我壓抑的女士。我告訴她：「從你和我建立諮詢關係的這一刻開始，你要學會尊重自我的感受。」

她接下來的一句話讓我感到異常詫異，她反問道：「什麼是自我的感受？」長時間的自我壓抑居然讓她變得如此麻木，連自己的感受都搞不清楚了。為此我不得不帶她去嘗試連通自己真實的內在，體驗真實的喜悅、快樂、悲傷、難過、委屈、焦慮等情緒狀態，然後告訴她，這些就是她的感受。

要先學會尊重自己的感受，再去勇敢地表達自己。我們每個人最終尋求的，都是真實的自己能夠被人看見，從而與外界建立更多深刻的聯結，讓人生變得更有意義。

真實的自己，不是來自刻意的裝扮，而是無所畏懼的展現。

我可以和你做朋友，卻不能成為你的知心人

吳敏走進諮詢室，選擇離我較遠的沙發坐了下來。她轉頭拿起沙發的靠墊，放在自己的雙腿上。

在心理諮詢師看來，來訪者的每一個細節都在展示自己，資訊的獲得絕對不僅僅局限於他們說了什麼。甚至常常他們所說的內容並不那麼可信，反而是他們的行為在介紹最真實的自己。

就像此刻，吳敏正在用她的行為告訴我：「我不想離妳那麼近。」

吳敏諮詢的問題是人際關係：她談過三次戀愛，每次都以對方提出分手而結束；她覺得「自己好像有很多朋友，又好像一個也沒有」；在家庭關係中，她自認為擁有和睦的家庭，但每次遇到煩心的事情，總是選擇自己扛，不太願意找父母傾訴……

相信你已經看到了諸多矛盾的資訊：一個人為什麼會覺得自己擁有很多朋友，又好像一個朋友也沒有？為什麼自認家庭和睦，有事卻不敢找父母傾訴？

想要回答這些問題，她需要一個漫長探索的過程。我無法在一篇文章裡把她的自我探索的過程全部呈現出來，只能按下「快轉鍵」來看看結論。

吳敏在建立親密關係的過程中存有障礙，因為她習慣用假性親密的方式去建立關係。真正的親密關係，需要深刻而自由的聯結。在這個聯結的過程中，彼此真誠、坦蕩、信任，也能展現自己的脆弱，最終達到「我能看見別人，別人也看見了我」的真實美好的狀態，但這種關係對於吳敏來說太難了。

就像她剛進諮詢室時表現的那樣，她喜歡「我要和你保持點距離」的關係，這種有距離的關係，對她來說意味著安全。她的生活中處處都是這樣的關係：談戀愛的時候，可以和對方約會、吃飯、看電影，但總是沒有進一步的發展；和好朋友聚會，一起嘻嘻哈哈地玩耍，看上去很熱鬧，但幾乎不交心；日常生活中對父母的問候和關照從未間斷，但對於自己的人生規畫，父母根本不了解……這樣的關係，就稱為叫做假性親密關係，即看起來很親密，實際上並沒有深刻的聯結。

請你想像一下這樣的情境：正在和幾個朋友聊天，你熱情地分享著最近上了熱搜的明星八卦，但與此同時，你內心惴惴不安，因為面臨著一個現實重壓——這個月的業績如果沒達到，你將失去現在的工作。對於這個麻煩，你不想告訴你的朋友們，此刻只想讓他們看到，你一切都挺好的。想想看，在這場聚會結束後，你會有什麼樣的感受？

是的，你會感覺很累，因為你在用「我很好」的假象，掩蓋自己真實的焦慮。回到家中獨自面對自己的時候，會有一種強烈的孤獨感襲來：竟然找不到一個人，能夠幫助困境中的自己。

假性親密關係的危害，就是因不能夠展現完全真實的自己而帶來能量耗竭，不能夠與他人進行深刻的聯結，以致產生孤獨感。

有研究顯示，很多身心的問題，如焦慮、憂鬱等等，都和一個人缺乏與他人進行深刻聯結有著密切的關係。

吳敏從小到大就沒有跟他人建立過深刻的聯結，包括自己的父母。父母都是老師，在她的記憶裡，小時候的家庭氛圍非常安靜，父母幾乎沒有爭吵過。一家人吃完晚飯，父親通常都會鑽進書房，母親就在客廳裡忙些家務，而她自己則坐在書桌前乖乖地寫作業。雖然沒有見過父母爭吵，不過吳敏也很少見父母牽手或聚在一起說笑。

家庭是我們每個人從出生後的第一個人生學堂。在這個學堂裡，我們學習什麼叫做「愛」。對於吳敏來說，像父母那樣安靜、有點距離的關係就叫做「愛」，所以她也學會了用這樣的方式去經營自己和他人的關係。

吳敏並不知道，父母保持那種彬彬有禮的夫妻關係，是以壓抑他們真實的情感和情緒為代價的。經過長期耳濡目染，她自己也無法表達自己的情感和情緒，因為她擔心，在這樣的家庭裡，沒有人會真正關心她內心的感受。

在成長過程中，她的情感和情緒都被自己鎖了起來。她小心地藏起了自己的委屈、難過，藏起了關於初戀的幻想，藏起了擁有第一份工作時的興奮……這一切她都不會拿出來與人分享，只是留給自己慢慢品嘗。

因為她害怕分享，害怕自己會成為和父母不一樣的人，彷彿那就意味著對愛的背叛。但她的潛意識渴望分享，希望自己能真正地被人看見。

渴望成為和父母不一樣的人，渴望有人能看見被隱藏那部分的自己，渴望和別人形成部分融入的關係，渴望真正的親密——這些便是吳敏正在尋找的東西。

吳敏雖然渴望建立真正的親密關係，但是建立真正的親密關係對她來說是一項巨大的挑戰，因為她已經習慣了隱藏真實的自己。

當「真實的自己」被人看見或者被人接納時，她內心會產生巨大的不安和焦慮，甚至產生懷疑：對方會不會離開自己？真實的自己真的會有人喜歡嗎？這會導致她選擇再次回到「有點距離」的安全關係裡。

如果想要走出假性親密關係，和他人建立真實而深刻的聯結，獲得真實的「愛」，吳敏需要做的是：

一、有意識地消除自己的限制性信念

吳敏的限制性信念就是「有點距離的關係，才是安全的關係」。她需要明白，真正安全的關係不是有距離的，而是經過磨合和考驗的關係。有距離的關係可以隨時分開，但經過磨合和考驗的關係則要牢固得多。她需要有意識地提醒自己，努力去創造一段互相磨合、深度聯結的關係，並且相信自己有能力建立這樣的關係。

二、玩一個「交換秘密」的小遊戲

從假性親密關係到真正的親密關係，是一個循序漸進的過程。在這個過程中，吳敏需要一點點地透過體驗去感受「安全」，也就是說，在逐漸展示真實自己的過程中體驗到「安全」，才能順利建立真正的親密關係。她可以和朋友或者戀人玩「交換秘密」的小遊戲，在遊戲中展示真實的自我，彼此做到真誠分享，就會慢慢體驗到「安全」和信任。

在愛的路上，一定會有對峙、衝突和磨難，有讓人心痛的種種時刻，也一定會有光芒、鮮花和掌聲，有讓人感動的無數瞬間。

在漫長的人生中，一個人如果沒有體會過真實的愛與被愛，那豈不是太過遺憾？愛是人類最偉大的情感，請打開自己的身心，去體驗真實而深刻的愛吧！哪怕痛一點，也比麻木要好。

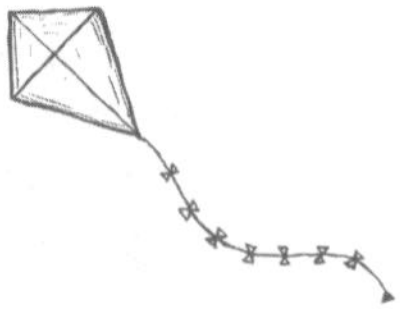

允許別人不開心，是你獲得幸福的超能力

周穎走進諮詢室後，還來不及開口就開始哭，不是那種輕輕地落淚，而是閉上眼睛嚎啕大哭，彷彿旁邊沒有人一樣。

如果是諮詢多年的個案，我或許不會驚訝，但這是我第一次見到周穎，看著她大哭的樣子，我確實有點疑惑。

她張著嘴，似乎哭得很費力，時不時拿起旁邊的面紙擦一下眼淚和鼻涕，然後繼續坐在那裡哭，哭了十分鐘左右，哭聲漸歇，轉為輕微的抽泣。

「妳好像很難過，能跟我說是怎麼了嗎？」在她逐漸冷靜下來之後，我這樣問道。沒想到聽了我的問話，她又開始大哭起來。不過這次持續的時間比較短，大概哭了一分鐘後停了下來，對我說：「只有你能理解我的難過，他們都不理解。」

你也許對此非常好奇，周穎到底經歷了什麼重大變故？是親人突發意外，還是丈夫背叛了自己？

其實都不是。周穎的嚎啕大哭，只是情緒持續累積的結果，就像地表之下不斷湧動的岩漿，時間一久，便噴發而出，形成火山爆發。

她是別人眼中的「老好人」。例如在公司裡，為了讓別人開心，不是她的工作也會去做，不是她的錯，也甘願「背黑鍋」；在生活中，話到嘴邊的爭吵也常常硬吞回去……可是人終究是有自己的感情、感覺、渴望和需求，當為了讓別人開心，把自己的世界攪得亂七八糟的時候，周穎終於撐不住了。她開始變得厭惡工作，甚至厭惡出門。正確來說，她幾乎沒有勇氣和力氣出門——她憂鬱了。

她把自己這種內在的無力感向身邊的人傾訴，卻得到了這樣的回應：「妳就是精神狀態不好，出去旅遊一趟也許就好了。」「沒發生什麼要緊的事啊，妳是不是想多了？」「推薦妳一部超搞笑的電影，看完保證心情大好！」

總之，沒有人能夠真正了解她的無力感。在諮詢室裡，當我說出「妳好像很難過」時，她終於有了「被理解」的感受。

一個愛笑、友善、懂事、樂於助人的女孩子，有那麼多人喜歡她，也沒經歷什麼重大變故，有什麼理由憂鬱呢？甚至就連周穎自己也懷疑：「我是不是有點小題大做了？」

美國精神分析學家傑瑞姆．布萊克曼在其著作《心靈的面具：一〇一種心理防禦》中，整理了人的一百零一種心理防禦機制。心理防禦機制，指的是個體面臨挫折或存在衝突的緊張情境時，在其內部心理活動中產生的自覺或不自覺地解脫煩惱、減輕內心不安，以恢復心理平衡與穩定的一種適應性傾向。

有些人的心理防禦是健康的，例如當他意識到某些狀況不對，或者別人讓自己不舒服的時候，會選擇拒絕或離開；有些人則受成長環境等因素的影響，養成了不太健康的心理防禦，例如當他意識到別人對自己產生不滿的時候，他會幻想對方其實很喜歡他，只是不好意思表達等等。

周穎她「老好人」一系列的表現，其實都不是發自內心的真實意願，而是在無意識中做出的防禦。我們把這種「處處為他人著想」的防禦，稱為「利他型防禦」。

周穎生活在一個充滿「戰爭」的家庭。

關於兒時的很多記憶都模糊了，但她始終記得父母爭吵不休、互相指責，甚至大打出手的可怕場景。小時候，她最渴望的事情就是看見下班回來的爸媽臉上能掛著笑容，那意味著他們不會吵架了，自己也就不用那麼膽戰心驚了。

對於小周穎來說，如果父母開心，自己就是安全的。這個信念慢慢發展成為她潛意識裡的一種認知：「別人開心＝我不會受到傷害」。

同樣地，她如果看見別人不開心，那麼父母爭吵的畫面就會在她腦海裡閃現，隨即引發自己的恐懼情緒。為此，她只好竭盡所能地讓別人開心。

不僅如此，父母的長期對立其實也影響著周穎的自我認同。身為孩子，她會想：「父母是愛我的嗎？如果他們愛我，為什麼會爭吵？他們之所以會爭吵，是不是因為我做錯了什麼？」

在父母爭吵的那一刻，會產生自己「是否被喜歡」「是否被認可」的疑問，於是慢慢形成了「也許我是錯的」「也許我是不受歡迎的」這樣的自我認知。為了讓自己不受到傷害，為了證明自己值得被人喜歡，她就會本能地去討好別人。

有時候，一些不健康的心理防禦機制確實可以使我們的心靈避免受到傷害，但在此同時，也禁錮了人格的發展，迫使用不成熟的方式去處理與他人的關係，最終對自身造成持久的傷害。

周穎的利他型防禦，是以壓抑自我為前提的。

一個人的自我若受到壓抑，必然會形成自我攻擊。自我攻擊的表現形式有很多種，如習慣性否定自己、批評自己、厭惡自己，嚴重的就會像周穎一樣，最終導致憂鬱。

若想擺脫利他型防禦，就需要改變自己的核心信念，即「別人不開心＝我不安全」「別人不開心＝我是錯的」這種核心信念是自我發展過程中的「歷史遺物」，它不等於真實發生的狀況。別人不開心有一萬種與你無關的可能，而你偏偏將此歸因於自己，只因你不是活在當下，而是活在了自己的歷史陰影中。

你需要把自我核心信念中的兩個「＝」換成兩個「≠」：「別人不開心≠我不安全」「別人不開心≠我是錯的」。你必須有意識地練習課題分離：別人不開心是別人的事，與我無關。

只要能夠進行課題分離，你的人際關係就會發生巨大改變。如果再碰到別人不開心的時候，也許你就不會那麼焦慮了。

現實生活中，有太多像周穎這樣的人，他們都缺少一種能力，那就是——允許別人不開心的能力。

他們在意識到身邊有人不開心的時候，會本能地聯結到自己：「難道是我做錯了什麼嗎？」「他的不開心是在針對我嗎？」

別人的「不開心」，其實往往和我們沒有半點關係。我們應該做的是走上前去輕輕地問一句：「怎麼了？需要幫助嗎？」而不是讓自己陷入「我到底哪裡做錯了」的自我懲罰。

允許別人不開心，是你獲得幸福的一項重要能力。

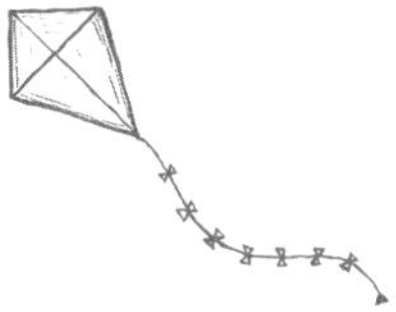

討好型人格是怎麼一回事

一個人為什麼會形成討好型人格？

我們若想了解這個問題，先要知道人是如何成長的。

讓我們穿越到你呱呱墜地的那一刻：

還是嬰兒的你第一次接觸這個世界，世界對你來說是全新、混沌、未知的，而你本身也充滿了無限可能。

你小小的身體裡，有一個非常神奇的器官——大腦，它是身體的指揮中心。在未來的日子裡，它會跟著身體一起成長，並且指揮著你和這個世界互動。它會讓你先理解具象的存在，然後幫你理解抽象的意義；它會先帶你體驗簡單的情感，然後帶你體會人類豐富的精神世界。

每個人的大腦都一樣嗎？當然不一樣。雖然在整體構造上人類的大腦相差無幾，但在細微處有著明顯的差別。有的人左腦發育得好，那麼他可能就會成為語言表達能力極強的雄辯家；而有些人右腦發達一些，可能就會成為個性獨特的藝術家。

大腦究竟會發展成什麼樣，以及不同人的大腦之間會有哪些細微差別，除了遺傳因素外，也受後天成長環境的影響。尤其是大腦中處理情感、情緒的部分，受教養環境的影響極大。

我們可以把教養環境簡單地分為兩大類：一類叫抱持性環境，在這種環境裡，幼小的你可以充分感受到來自父母或其他養育者的關愛、重視、回應、支持，你的世界就好像充滿了粉紅色的泡泡，帶來幸福、快樂、輕鬆的體驗，讓你覺得周圍的世界是安全可靠的；另一類叫破壞性環境，在這種環境裡，感受到的是被嫌棄、被討厭，是批評，是爭吵，你的世界充斥著烏雲和驚雷，讓你覺得恐怖極了。

在不同的教養環境中，大腦會習得不同的情感反應模式。一個人的人際交往模式也在自己的教養環境中伴隨著大腦的經驗反應逐漸形成。

討好型人格，就是在破壞性環境下習得的一種人際交往和情感反應模式。它指的是習慣把他人的需求和利益置於自己之上，透過討好的方式和這個世界及他人建立關係。具體而言，討好型人格的人通常有以下特點：

一、拒絕別人是一件非常困難的事，很多事情可能自己並不想做，但還是會違背自己的意願，答應別人去做。

二、害怕面對衝突。一旦發生衝突，他們就會自動地迴避，哪怕犧牲自己的利益。

三、內心敏感。他們非常在意別人的感受，感受他人情緒的能力特別強。

四、害怕麻煩別人。自己能完成的事情，絕對不尋求幫助，否則就覺得虧欠對方。

五、非常看重別人對自己的評價，渴望獲得認同。

六、人際交往中比較怯懦，他們不敢展現真實的自己。

需要強調的是，「討好型人格」和「討好」是有很大的區別的。一個人想要在社會中獲得好的發展，就無法避開人際交往。

在人際交往中，「討好」是一種普遍又正常的行為，如逢年過節送禮給親戚、朋友、主管、同事；日常生活中，對身邊的朋友不吝誇讚等，這些都算「討好」。這樣的「討好」，本質上是一種社交技巧。

「討好型人格」和「討好」的區別是：「討好型人格」的人，除了一味「討好」，不太會用其他方式與人交際。當和別人產生分歧時，為了和別人保持「相同意見」，為了照顧別人的情緒，寧願選擇違背自己的真實想法。

「討好型人格」的人，則缺乏人格的靈活性，其討好他人的目的，僅僅是為了獲得他人的認同。

「討好」作為一種社交手段，它能夠被使用的前提是一個人擁有堅實的自我。一個人的自我越堅實，他跟這個世界的關係就越和諧，不會在意自己的高低，更不會在意別人怎麼看待和評價自己，所以他才能夠很自如地去「討好」，並創造屬於自我的意義感。

討好型人格的人，其討好的動力是恐懼，而不是自我發展，這樣就會帶來兩個不良的後果。

一、是自我消耗增加，限制自我發展

討好型人格的人，由於過於在意他人的評價，以致將大量的時間和精力花費在自己不喜歡以及不重要的事情上面，而那些對自己真正重要的事情卻可能因此被耽擱，從而限制了自己的發展。

二、是人際關係脆弱，容易自我厭惡

討好型人格的人，內心都隱藏著一個聲音：「看看我都這樣了，你總該滿意了吧？」而在人際關係中，由於習慣了壓抑自己真實的需求，別人因此無法發現，也就無法滿足他們，因而使陷入了抱怨和自我厭惡中。

電影《令人討厭的松子的一生》就是「討好型人格」的經典範例。女主角松子一生中的所有努力，只為了成為父親心目中理想的女兒，為此她不惜醜化自己，犧牲自己。讓人難過的是，她堅信自己是不被愛的，所以成長後的每一段戀愛關係，她都是和不愛她的人建立的，哪怕被毆打、被要求做妓女賺錢，她也不會做出反抗。

對於討好型人格的人來說，他以為自己的討好可以換來被肯定、被愛，實際上換來的卻是他人對自己的傷害。

「過去二三十年裡，我總是活在別人的期待中，總是不停地追逐著別人的認可，卑微地去滿足別人的需求。但就和大多數的『討好者』一樣，我越是尋求他人的認可，越是討好，就越會被別人看不起、不當一回事，覺得自己一文不值。」

導演姜文在一次採訪中，坦言自己從小就不停地討好媽媽，直到媽媽去世。在他看來，「與媽媽的關係（沒處理好）」是自己人生中最失敗的一件事。

每個討好型人格的人，內心都有一種強烈「做自己」的渴望。對於姜文來說，拍出那些風格獨特的電影，或許就是他努力做自己的宣言。

但是生活中的大多數討好型人格者並不像姜文那樣幸運，能找到一個盡情地做自己的空間，於是他們就在「討好」的消耗中逐漸暗淡下去，甚至嚴重影響了身心健康。

很多文章都探討過如何擺脫討好型人格，告訴你要尊重自己真實的感受，建立人際關係中的邊界，勇於表達自己真實的想法。

坦白講，這些方法可能確實讓你感覺找到了努力的方向，但是如果你不能面對內心的恐懼，也只是緩解一時之痛，無法從根本上解決問題。

討好型人格者內心深處真正恐懼的，其實是「這個世界充滿了對峙和衝突」或「別人不喜歡、討厭我」，所以他們試圖用討好的方式構建一個「和諧」「充滿認同和愛」的世界。

然而，這個世界原本就充滿了衝突，我們也很難消除。

既然無法消除衝突，那就卸下內心的恐懼，和衝突正面對決吧。這不意味著毀滅，反而是與對方共存的一種方式。

我們只有鼓起勇氣打破自己的幻想，直接面對人生中的殘酷，才有可能成為自己的太陽。

請停止扮演情緒穩定的成年人

不知從何時起，「每天扮演好一個情緒穩定的成年人」的警句在社會上廣為流傳。

在我看來，這意味著「情緒穩定」正在成為每個人所欠缺的能力。

不過過程中，很多人其實混淆了「情緒穩定」和「沒有情緒」的概念，從而使自己陷入一種情緒壓抑、精神亞健康的狀態。

來跟我諮詢的李甜算是一個典型的代表。

李甜任職於一家電動車公司，負責企畫方面的工作。由於近兩年電動車發展迅速，平常她工作的節奏非常快，加班是常態，甚至常常忙得忘記吃飯。負荷的工作給她帶來了極大的心理壓力，變得異常焦慮。

即便負面情緒積壓到讓她瀕臨崩潰，她依然努力克制自己，保持「情緒穩定」。

為了公司週年慶的活動，李甜連續加了半個月的班，在某天半夜交出已經修改過四遍的提案，但依然被上司駁回的時候，她終於忍不住情緒爆發了。

她先是大哭一場，然後在郵件裡憤怒地頂撞了上司，就不管不顧地回了家。等到平靜下來後，又開始為自己的舉動懊悔。

她不明白，自己一向心理承受力很強，這次怎麼就沒辦法控制住情緒呢？

她的情緒崩潰看似偶然，實際上是壓抑自我真實情緒的必然結果。

很多人壓抑自己真實的情緒，常常出於以下幾個原因：首先，「忽視情感」的家庭更容易培養出壓抑的孩子。有些父母只關心孩子吃得好不好、睡得好不好，卻從不關心他們是否開心或難過。久而久之，在這樣的家庭氛圍中，孩子根本無法學會如何表達自己的負面情緒，只能選擇自我壓抑。

其次，我們所處的社會環境更加認可「情緒穩定」，並且將其視為一項重要的個人競爭力。在這樣的大環境下，每個人都害怕袒露自己的脆弱，害怕自己變成他人眼裡的「弱者」，因此錯過很多機遇。

第三，如果一個人的成長環境充滿了否定和批判，那麼他很難獲得真正的自我認同，從而阻礙自己表達真實的情緒。他會盡量地展現自己虛假的美好，心安理得地戴好「情緒穩定」的面具，把所有內在的負面情緒隱藏起來。

情緒其實是人類非常重要的一門語言，自然流露的情緒，無時無刻不在向外界展示著一個人最真實的樣子。

想想看，那些躺在母親懷裡的嬰兒，他們雖然不會使用語言，但是可以透過一個微笑、一聲啼哭，甚至是一個其他細微的表情表達需求，而母親也可以透過嬰兒的情緒反應領會嬰兒表達的意思，這就是情緒語言的巨大魅力。

隨著年齡的增長，我們每個人在逐漸社會化的過程中，漸漸忘記了自己的情緒語言，不自覺地忽視，甚至壓抑它。這樣我們不但丟失了一個了解自我的管道，還為自己帶來極多的負面影響，例如突然間的情緒崩潰，會帶來生活和工作上的麻煩；情緒壓抑導致精神萎靡，失去活力，甚至引發失眠、焦慮、憂鬱等精神疾病。要知道，當我們說一個人「情緒穩定」的時候，並不是說這個人沒有情緒，而是指這個人有較強的心理韌性，在面臨巨大壓力的時候，能夠客觀看待自己的處境，並給出適當的情緒回饋。

假如一個真正情緒穩定的人面對李甜的工作環境和歷程，在應對和處理壓力的方式上會有什麼不同？

連續高負荷的工作，讓李甜疲憊不堪，但她從不會找任何人訴說，而是暗暗地鼓勵自己：「妳可以的，不要讓別人小看妳。」看似正向的自我鼓勵，實際上卻是對自己情緒的忽視。

而對於一個真正情緒穩定的人來說，他首先會承認自己「撐不住了」，然後再想辦法，比如找上司協調，或者找同事求助，從而獲得一些支持性的力量，以避免耗盡自己的心理能量。

在活動提案連續遭到否定後，李甜澈底崩潰了：「上司到底是什麼意思？自己一直在按照他的要求修改，而且明明已經把提案修改得很完美了，他為什麼還是不滿意呢？」

這一刻，她內心所有的委屈、困惑、憤怒集體爆發了，於是出現了後面不理智的行為。

對於一個真正情緒穩定的人來說，會先客觀評估自己所做的工作，以及對此付出的努力。如果自己覺得工作完成得很好，卻仍舊遭到了上司的否定，他會再積極主動地表達自己的想法，以求獲得認同或協助。

所以，什麼是真正的情緒穩定？

你首先得看見並承認自己負面情緒的存在，然後學會妥善地處理它們。

從事心理諮詢以來，我常常聽到諮詢者說這樣一句話：「道理我都懂，但是就是做不到啊。」

那麼如何才能讓自己修練至真正的「情緒穩定」呢？我們需要了解兩個基本常識：

一、幾乎所有的負面情緒都源於我們內心的恐懼和脆弱

這個世界上，有太多令我們感到害怕的東西了，像是害怕別人不喜歡自己，害怕別人比自己優秀，害怕自己不被認同……

我們因為害怕，所以透過偽裝的方式保護自己。一旦別人觸碰到我們內心的恐懼和脆弱，就會立即喚起負面情緒，也許是憤怒，也許是焦慮。

可以試著去承認「就是有人不太喜歡我」「就是有人比我優秀」「就是有人不認同我」，所承認的恐懼和脆弱越多，內心的恐懼和脆弱便自然會越少。

二、我們所了解的自己，不一定是真正的自己

一個人之所以總是受困於負面情緒，往往是因為給自己設了太多的限制，例如「我這麼普通，他一定不會喜歡我」「這件事情好難，我絕對做不到」「我要夠優秀，才有資格被愛」等等。

要知道，這些自我設限，都代表著內心真正的渴望。

很多設限毫無根據，可能是過往某些時刻別人對你說過的一句話，或者是你對自己進行的一場自我催眠。

無論如何，不破除這些限制性信念，我們就無法找到真正的自己。

嘗試去改變這些自我限制的思維吧，換一種想法，例如「我雖然很普通，但是他也有可能喜歡我」「這件事情好難，不過我要是多努力一點，也許就能做到」「我不用那麼優秀，也可以被人愛」……

你看，換了一種思維，是不是就感覺換了一個世界？

當意識到所了解的自己並不是真實的自己時，你就會有更多的勇氣去追逐內心真實的渴望。

用承認恐懼的方式，減少自己的恐懼；用追逐的方式，滿足自己的渴望——做到這兩點，你就能夠獲得真正的自我認同。而一個獲得自我認同的人，必然能做到真正的情緒穩定。

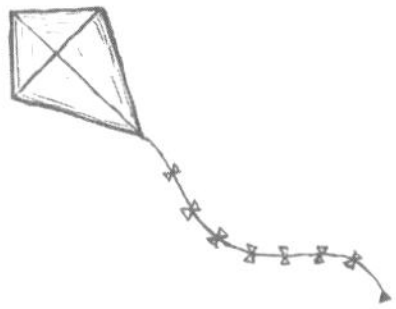

內向的人，如何發揮自己的優勢

美國作家蘇珊．坎恩在她的《安靜，就是力量：內向者如何發揮積極的力量》一書中，記錄了一個叫伊森的故事。

在父母眼中，伊森是性格「古怪」的孩子。他的「古怪」表現在很多小事上：例如伊森已經七歲了，可是經常被三歲的弟弟欺負，而且不懂得還手；父母試圖給他灌輸「戰鬥精神」，把他送到運動場上訓練，但他只想回家讀書；伊森很聰明，但相較於學業，他更願意把精力花在興趣愛好上，尤其喜歡製作汽車模型；他有幾個不錯的朋友，卻拒絕參加社交活動等等。

父母對伊森的表現感到十分費解，懷疑他得了憂鬱症。

他們希望伊森能夠更加善於交際，所以多次帶他到不同的地方進行治療。然而，每次醫生都表示他非常健康，只是性格內向。

但父母還是無法放下內心的擔憂，執意要為兒子繼續治療……

自從讀完這本書，這個故事便深深地刻在我的腦海中。我從不懷疑許多父母對孩子的愛。例如伊森的父母，他們積極地為兒子尋求治療，在他身上下這麼大功夫，也是擔心他將來難以適應社會。

但是，我可以非常確定地說，想要改變伊森的性格，簡直是一件不可能的任務。就像書中所說，父母這樣做，反而可能會破壞孩子對自我的認知，最終把一個健康的孩子治療出病來。

我們所處的世界對內向者而言，似乎總是不太公平。我的朋友小靜，就是一個性格內向的人。她曾經應徵一家外商的銷售管理職，以非常優秀的成績通過了筆試，在面試後，卻因為面試官一句「性格不合適」被淘汰了。

事實上像她這樣內向的人，即使順利進入了職場，也常常會因為「不合群」而影響升職加薪。

偏負面的社會評價，是所有內向者要面臨的第一重壓力。在《安靜，就是力量：內向者如何發揮積極的力量》一書中寫道：「有資料顯示，人群中大概有三分之一的人是內向的人。」換言之，這個世界上的外向者顯然占大多數。

當內向者成為「小眾」，似乎就不得不接受外界對自身的定義。和外向者比起來，內向者是「不合群的」「奇怪的」「沒朋友的」，甚至「心理似乎不太正常的」等等。這些負面的標籤困擾著內向者，在給他們帶來巨大壓力的同時，也剝奪了他們很多的發展機會。

伴隨著來自社會的負面評價，內向者的自我認同也發生了動搖。常常他們都覺得自己彷彿真的有問題，認為內向真的是自己的性格缺陷。為此，他們開始羨慕那些外向的人，甚至默認了某些發展機遇不屬於自己是正常的，「內向」似乎成了他們的阿基里斯的腳踝，成了致命的弱點。

一九七五年三月五日，一個冷雨霏霏的晚上，在戈登．法蘭奇位於加州門諾帕克市的車庫內，三十二位電腦愛好者聚集在一起，他們想要做一件大事——讓電腦「進入一般家庭」。這可不是一項小的任務，當時的電腦還都是不穩定的大型機器，只有大學和企業可以買得起。

這時，惠普公司的一位二十四歲的電腦設計師走進了聚會場所。他找了把椅子坐下來，靜靜地聽著最新關於電腦的消息。

這位設計師從三歲起就對電子產品癡迷不已，在十一歲的時候，他就夢想自己能夠設計出一台小巧方便的電腦，供家庭使用。儘管這次聚會他很興奮，但是他沒有和任何人說過一句話，因為他實在太靦腆了。三個月後，他在圖紙上畫出了自己的設計圖；十個月後，他和史蒂夫・賈伯斯創立了偉大的蘋果公司。他的名字叫史蒂芬・蓋瑞・沃茲尼亞克。

加州大學柏克萊分校曾經做過一項關於創造力本質的研究，研究人員列出了一個名單，上面都是建築學家、數學家、工程師、科學家、作家等各領域的菁英。

研究人員邀請這些菁英來柏克萊分校做性格測試，並嘗試解答一些問題，又找了一些沒有傑出成績的同業人員做同樣的測試。

測試結果顯示，那些創造力更強的人，往往在社交中扮演著內向者的角色，他們具有社交的技能，卻沒有足夠社會化或熱中參與社交的性格。

沃茲尼亞克曾在自己的回憶錄中，給那些想要擁有偉大創造力的孩子提出建議：保持獨立工作，如果你一個人工作，那你最有可能設計、開發出革命性的產品和功能，而不是待在一個團體或小組裡。

事實上，不僅僅是沃茲尼亞克，臉書創始人祖克柏、微軟創始人比爾・蓋茲及投資大師巴菲特，都曾在公開場合承認自己性格內向，他們更喜歡獨立思考，喜歡把時間花在閱讀而非社交上。

無論是實驗研究，還是現實狀況，都顯示內向者並非一無是處。相反地，只要能夠充分發揮自己的性格優勢，內向者也許能創造出更加耀眼的成績。

儘管很多資訊都在告訴內向者不必焦慮，但在現實生活中，大多數內向者還是要面臨來自各方的誤解和壓力。

那麼對於內向者來說，怎樣做才能真正發揮自己內向性格的優勢，更好地融入環境，同時還不阻礙自己的發展呢？

一、不要試圖去改變自己的性格

美國心理學家卡爾．史瓦茲有一個「性格橡皮筋」的理論：我們就像一根富有彈性的橡皮筋，可以隨時拉長，但這種拉伸是有限度的。

史瓦茲透過實驗發現，內向者之所以內向，是因為其大腦皮質和杏仁核對外界的資訊更加敏感，這也是內向者在人多的時候，常常感覺比較累的原因。

儘管一個人的內向性格會受其生理影響，但也不能忽略他的自由意志。實驗顯示出於某些目的或需求，內向者透過學習完全能夠掌握外向者的一些技能，從而讓自己更好地融入環境。但正如比爾．蓋茲無論怎麼加強自身的社交技能都無法變成比爾．克林頓，而比爾．克林頓無論花多少時間研究電腦也不能成為比爾．蓋茲，因此我們無法也無須讓自己改變性格。

二、選擇那些更符合自己性格的職業

在和個人性格相匹配的職業、角色和環境中，人們往往更容易獲得良好的發展。

《安靜，就是力量：內向者如何發揮積極的力量》一書提到，內向性格的人具有更好的創造力，他們更善於獨立工作、深度思考、長期記憶；在人際關係方面，他們更樂於進行一對一的交流，而且喜歡更具深度的思想交流。

內向者具有的這些特點，使他們在一些工作中占有優勢，像是需要高度專注的寫作、設計、編輯工作，或者需要深度交流的諮詢工作等等。當內向者的優勢與相應的工作需求相契合，他們就更容易創造出顯著的成績。

當然，並不是說其他工作就不適合內向者，例如演講或銷售。他們只要懂得發揮自己的優勢，用不同的方法去完成工作，同樣也會做得很好，像是演講前準備更細節，演講就會更從容；在銷售時用更坦誠的方式和客戶進行溝通，工作也會更順暢。

三、發自內心地欣賞自己的性格，肯定自己的價值

一個內向的人，只有發自內心地欣賞自己的性格，肯定自己的價值，才能勇敢地撕掉外界貼在身上的那些負面標籤，停止向別人證明自己，才能理直氣壯地表達自己的訴求、追逐自己的利益，也才能真正地綻放自己，活出璀璨的人生。

古今多少內向者，給這個世界留下了無數寶貴的財富梵谷的畫、艾略特的詩、貝多芬的音樂、愛因斯坦的物理理論……你還覺得內向性格不夠好嗎？

內向者從來都不是不夠好，他們只是好得與眾不同而已。

第二章

內在療癒

做到情感獨立，便真正擁有了自我。
此時，面對原生家庭，我們就擁有了「心理免疫力」。
這個時候，我們根本無須「逃離」，
就已經擺脫了原生家庭的束縛。

你不是在迴避社交，而是在迴避真實的自己

小輝自稱是「孤獨星人」，由於有著嚴重的社交焦慮，始終無法和他人建立良好的友誼，更沒嘗過愛情的滋味。

同事私下的聚會邀請，他統統拒絕；遇見喜歡的女孩，他繞道而行。

他自己也搞不清楚，為什麼每次只要一想到和人面對面待在一起，就會不自覺地緊張起來，嚴重時甚至手心都冒汗。

生活中，有太多的人和小輝一樣，長期受到社交焦慮的困擾。

他們通常有一些共同的外在表現：和人交流容易害羞，不敢直視別人的眼睛；在和別人近距離的接觸中，常常產生緊張不安的情緒；不太善於表達，在人群中習慣保持沉默；遇到人多的場合，總有一種想要逃離的衝動……

一個人社交焦慮的產生，和很多因素有關，有些人的社交焦慮是遺傳導致的。

研究發現，如果在家族中，有人患有社交焦慮，那麼你患有社交焦慮的機率就會比較高。

還有一些人的社交焦慮是由其大腦結構決定的。我們的大腦有一個叫做「杏仁核」的部位，主管我們的焦慮和恐懼。如果杏仁核功能過於活躍，人就會比較敏感，更容易產生社交焦慮。

此外，後天的成長環境、成長經歷也可能導致一個人產生社交焦慮。那些控制型母親所培養的孩子，那些習慣了被批評、否定、嘲諷的孩子，那些有過被霸凌的經歷的孩子，更容易產生社交焦慮。

坐在諮詢室的小輝，臉上帶著困惑又充滿期待的表情，向我詢問他的社交焦慮到底是怎麼一回事。

我不能說「讓我看看你大腦中的杏仁核是不是異於常人」，於是我對他說：「先讓我了解了解你吧。」

是啊，又要開始談論童年了。

「心理諮詢師除了談論童年，好像也沒有其他什麼能耐。」很多人心裡可能會有這樣的想法。

我想說的是，談論童年當然不是心理諮詢師唯一的技能，但童年確確實實藏著很多我們每個人不曾發覺的故事，正是這些故事為我們曲折的人生埋下了重要的伏筆。

小輝談到自己童年的經歷，提到一件讓他印象特別深刻的事。

那是在小學二三年級的時候，有一次因為貪玩，他沒有及時寫完作業。母親發現後，拿掃帚狠狠地打了他一頓，並且讓他赤身裸體地站在門外走廊裡，藉此懲罰。

仔細想想，母親懲罰小輝的事情太多了，只不過那次罰站事件對他的衝擊是最大的。公開罰站，而且是赤身裸體，至今小輝想起來都覺得那是一場夢魘。

透過這個畫面，我想你已經看到了一個非常嚴厲母親的形象。

如果僅僅是嚴厲的教育手段，並不一定會對孩子的成長造成多麼惡劣的影響，問題在於小輝母親對他的嚴厲只是表象，在這表象之下，隱藏著嚴重的人格障礙。

小輝的母親生長於一個糟糕的原生家庭，父母很早就離婚了。身為家中的長女，她從小就被父親過寄給姑姑，並且被要求稱呼姑姑為媽媽，稱呼親生父親為伯父。

被寄養的孩子，心裡早早埋下了很深的創傷，造成了對自我認同的重大障礙。更加糟糕的是，小輝的母親還時常遭到她父親的嫌棄，被嘲笑書讀得不好，是個「沒用的傢伙」。所有這些不幸的經歷，最終導致小輝的母親在內心深處，對自己產生了強烈的厭惡。

一個對自己充滿厭惡的人，會不自覺地把這種厭惡外化，從而表現為對自己孩子的厭惡，這種厭惡會被孩子的潛意識感受到。

當小輝感受到母親對他的厭惡時，他的自我評價也就在這個過程中形成了：我是一個特別讓人討厭的人。

只是童年時期的他並不知道對自己給出了一個什麼樣的自我評價，只是記住了那次在走廊罰站時的羞愧，還有那個漸漸變得內向、不愛表達、也不愛找同學玩的自己。

社交焦慮的人，內心都藏著一個不太讓自己滿意的小孩。也許就是在遙遠的童年歲月中，有一個生命中至關重要的人，親手在你心裡寫下「嫌棄」的一筆。

當然，我相信小輝的母親在主觀意願上並不想傷害自己的孩子，或許她都不曾意識到自己傷害了孩子，因為她就是帶著父親的嫌棄一路成長過來的。

她有著自己對「愛」的理解：「愛是什麼？愛不就是嚴苛的挑剔嗎？」

我們不能指責小輝的母親，只是感到很遺憾，她無法從自己的人生劇本裡醒過來，從而避免悲劇的延續。

每個人對自己都有美好的期待，不管自身遭遇過多麼惡劣的成長環境，這種期待都不會在內心消失。

小輝雖然在潛意識裡厭惡自己，但同時內心也存在著另一個理想化的自己：一個開朗、外向、優秀、值得驕傲的自我形象。

對自我的理想化，也是一種防禦方式。當一個人在生活中習慣了自我厭惡，導致自己受困於各種現實中的社交時，他便會試著向內尋求一些支持的力量，以幫助自己度過困境。

對於小輝而言，他沒有朋友，也沒有能夠傾訴的親人，因此只能從自身找尋力量，內心便出現了那個理想化的自我。覺得他完全可以變成那個理想化的自己，至於為什麼不去做，不是因為做不到，只是因為不想做而已。

這種帶有麻痹性質的對自我的理想化，短暫地平衡了小輝潛意識裡由於自我厭惡所帶來的挫敗感。

但理想終究敵不過現實，一旦進入真實的社交場合，小輝在心裡構建出來的那個理想化的自己，很快就破碎了。

最後為了「自救」，潛意識告訴他：「我還是適合一個人待著。」

結果呢？他越是選擇迴避，內心就會越焦慮。

要想真正擺脫社交焦慮的困擾，首先需要做的便是接納自己。

那些給自己下過的定義，給自己貼過的標籤——怯懦的、不受歡迎的、不值得被愛的……所有這些描述，照單全收。

必須承認和接納當下的自己，才能有勇氣做出改變。要相信真實的自己並非一成不變，而是不斷變化的。當下的你，只需要每天付出微小的努力，像是試著去讚美一個人，試著去找一個人傾訴心裡話，試著去主動召集一場聚會活動等等。

在持續的嘗試中，可以一步步靠近並最終成為自己理想中的模樣。

身為心理諮詢師，我始終相信，人是擁有自我改變的力量。只要發自內心地渴望改變，就一定能夠打破原生家庭的魔咒，與理想中的自己乾杯慶賀。

有一種人際障礙，源自被藏起來的驕傲

生活中有這款人，他們看上去安靜、謙卑、人畜無害，卻總讓你感覺難以接近。若和他們相處，總有一層說不清的東西隔在中間。

徐小雅就是這樣的人，常自問：「為什麼我總是感覺自己與他人格格不入呢？」在提出這個問題後，她緊接著自我分析了一番。

她自認善良、謙卑、包容，甚至像上帝一樣心懷慈悲，從無害人之心。可就是如此「美好」的自己，為什麼在生活中總是感覺自己與他人格格不入呢？

就拿這些年的職場經驗來說，在徐小雅看來，每次辭職都是因為自己很難融入職場環境，為此她已經連續換了六份工作了。回頭看，她覺得每份工作無一例外都令自己走到與之「格格不入」的境地，那一定是自己的問題。

可是，自己究竟有什麼問題呢？

自認為善良、謙卑、包容的人，卻無法展開正常的人際交往，這聽上去似乎有些矛盾，卻也是事實。

實際上，這種矛盾的根源就在於這類人的善良、謙卑和包容，只是他們的外在表象，背後隱藏著的是他們的驕傲和自戀。內心高度自戀的人，在融入周圍環境的過程中自然會形成很大的障礙。

自戀的人有哪些特徵？

很多人認為，自戀不就是自信滿滿、自吹自擂，甚至完全不把別人看在眼裡嗎？確實，提起自戀，我們習慣下意識地「腦補」出這樣一種極端的、狂熱的形象。

但是自戀型人格也存在一種類型，叫做「隱性自戀」，也叫「羞愧自戀」或「脆弱自戀」。前文提到的徐小雅，就是一名隱性自戀者。

一句話形容隱性自戀者——表面溫和、謙卑、內向，但你在比較深入地接觸他們時，才發現他們是如此的自我中心主義。

從他們自己的角度看，一方面覺得自己厲害得不得了，另一方面又敏感自卑得不得了。他們就是這樣一種矛盾體。

隱性自戀者通常有以下幾個明顯的特點：

一、害怕公開的讚揚

和顯性自戀者比起來，隱性自戀者害怕自己成為焦點和中心，他們不愛出風頭，更不會主動尋求別人的讚美。

他們擔心的是，別人和自己近距離接觸後，發現自己其實「不夠優秀」，從而遠離自己。

二、擁有強烈的控制欲

隱性自戀者特別喜歡用操控的方式，來滿足自己內心對於特權感的需求。

他們習慣以自己喜歡的方式和人相處，在關係互動中持有主動權，以便於操控和利用他人。

三、對於他人的評價特別敏感

隱性自戀者屬於高敏感人群。

在人際交往中，他們特別在意別人對自己的評價，常常會過度理解別人的一些言語，將別人客觀的、不帶情緒的表達理解為對自己的批評和否定，甚至理解為對自己的攻擊。

四、常常覺得自己與眾不同

隱性自戀者對自己存在一種幻想，他們覺得自己和別人不一樣，是一種特別的存在。

對於這種「自己與眾不同」的感覺，隱性自戀者不會輕易地表達出來，而是在內心默默地審視自我。

他們內心有這樣一種聲音：「你們都不配和我一起玩。」

五、擅長使用被動攻擊

在生活中遇到衝突時，隱性自戀者一般不太會選擇「正面面對」。他們更善於使用被動攻擊，例如工作有意拖延，上班習慣性遲到，忽視或遺忘你說過的話，不回覆訊息等等。

六、缺少同理心，沉浸在自我的世界裡

和顯性自戀者類似，隱性自戀者也缺少同理心。

他們在生活中並非慷慨的給予者。他們的付出不是出於情感上的關心他人，而是為了營造自己的人設，或者滿足自己的利益。他們沉浸在自我的世界裡，對於和自己無關的事情，他們從不浪費時間。

徐小雅從來沒把自己和「自戀」這個詞聯結起來過，在她看來，她始終努力保持著自己的謙卑。只是與此同時，她也無法否認，她內心確實常常存在一種自我優越感。

這種矛盾的感覺，到底來自何處呢？

隱性自戀的形成，與原生家庭的撫養方式有著很大關係。在徐小雅的記憶裡，父母非常重視她的學習成績，而她也很爭氣，常考班上第一名。每次考試得了第一名，父母都會很開心，帶著她上館子，逢人就誇自己的女兒多厲害。

當然，在這風光的歷程中，也夾雜有一些灰暗的時刻。有一次考試，徐小雅考了班上第四名，按理說成績也算不錯。但當她把成績單交給父母時，母親的反應是默不作聲，父親雖然點頭表示還可以，但臉上還是難掩失落。那一次，父母沒有帶她去餐廳慶祝，原本計畫好的外出旅行也取消了。

從那天起，她的內心暗暗生出了一個想法：「我必須考第一，我只能考第一。」遺憾的是，她並不是一個考試機器，她無法保證自己每次都考第一名。隨著成績排名的高低起落，父母對她的態度時好時壞。

心理學上有一個概念，叫做「客體恆常性」。它指的是我們在成長過程中，能夠與客體（父母或其他主要養育者）形成恆定、常態的關係。

在這種關係中，我們能夠培養出穩定的自我認知、穩定的情緒感受，並對他人以及這個世界建立基本的信任。

顯然徐小雅的父母並沒有給她提供一個恒定、常態的環境。相反，他們為她製造了一個兩極的環境：不是特別好，就是特別糟糕。

成長於這樣的環境中，徐小雅就會有雲霄飛車似的情緒體驗，久而久之，她對自我的認知也變得模糊起來：我到底是好，還是壞？父母是愛我，還是不愛我？

而這些不穩定的情緒感受和自我認知，帶給她深深的不安全感，從而使失去了對這個世界的基本信任。

渴望被父母愛，是我們每個人的本能。

因為在無法獨立生存的幼年時代，對我們而言，父母的愛意味著最基本的生存安全。在成長的過程中，來自父母的愛也會幫助我們建立穩定而良好的自我認同。

對於徐小雅來說，她內心深處渴望得到父母的愛和認同，但是她也知道，這份愛和認同是有條件的，那就是她必須考第一名，她必須做到完美。

但這個世界的真相是：沒有人是完美的。

當「完美」成為換取父母愛的籌碼時，她只能透過自己的想像完成「自己是完美的」訴求。她認為只有「自己是完美的」，只有確定自己的優越感，自己才有被愛的資格，以及被認同的權利。

用「自己是完美的」這樣的幻想，來滿足父母對「完美的自己」的期待；在此同時，面對父母失望的神情，內心激發出羞恥、自卑等真實的情緒感受。這便是徐小雅成為隱性自戀者的原因。

像她一樣，幾乎所有的隱性自戀者都遭遇了同樣的困境：父母對他們「完美」的期許，讓他們產生了「高人一等」的錯覺；而父母的失望和冷眼，也給他們帶來了羞恥、自卑的低自尊心理。

身為一名隱性自戀者，她在工作中把「隱性自戀」的特質展現得淋漓盡致。例如常常覺得上司不如自己，認為上司做的很多決策都有問題；幾乎看不起所有的同事，覺得他們都平庸至極；沒有任何與同事交流的意願，覺得他們的話題都無聊透頂；覺得自己應該擁有更高的職位，只怪上司不能慧眼識人而耽誤了自己……總之，她在心裡將自己放在了一個很高的地位。

這樣的人又怎麼能夠和大家打成一片，融入周遭的環境呢？

因此她常常感覺自己格格不入，只好頻繁地換工作，藉此擺脫糟糕的感受。然而逃避無法真正解決問題，她還是一次次地陷入同樣的人際障礙。

就像徐小雅總被要求考第一名一樣，隱性自戀者在其成長過程中，總被要求做到完美，他們的缺點未曾被包容，也未曾被真正看見，這就導致他們常常如臨大敵，對自己的缺點格外敏感。因此，也就沒有能力同別人產生共感了。

一個人要想擺脫隱性自戀，融入團體，必須先把自己從「雲端」上拉下來。

要知道那種「高人一等」的感覺並不是事實，而是自己為了避免讓父母失望所發展出來的一種心理防禦，完全是自己的一種幻想。

我們現在要做的，就是親手擊碎這虛妄的幻想。

隱形自戀者只有先學會放下自己，再試著透過刻意練習的方法，像是把自己喜歡的東西主動分享給別人，在日常溝通中多多體會對方的感受，主動為他人提供力所能及的幫助等等，以此培養自己的共感能力，這樣才能真正地融入團體，與人融洽相處。

然而，**要澈底走出隱性自戀的困境，最重要的事情是先完成與自我的和解。不強求成為一個完美的人，也不期待別人認同自己**，在平常卻又獨特的每一天，去看一朵小花，聽一段音樂，讀幾頁書，感受生活的平凡，感受平凡中孕育的美好。

有一天，當我們能夠承認自己就是普通人的時候，隱性自戀的困境就會自動消除。

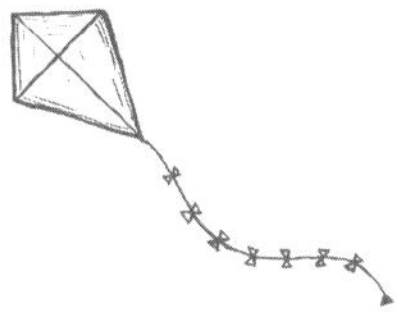

「求助」這件事，到底難在哪裡

請別人幫個忙，只是生活中的一件小事。但對於有些人來說，求人難，難於上青天！他們看著別人心安理得地說：「幫我一下可以嗎？」只能流露出望洋興嘆的神情，然後默默地一個人扛下所有。

「求助」這件事，為什麼會成為一個難題？

在文馨的記憶裡，她從來沒有開口向媽媽要過什麼。

確實，媽媽和外人提起她小時候常說：「文馨小時候可乖了，別的小朋友上街什麼都要買，她卻從來不和我要東西。」

一個小女孩，看著周圍的玩伴都穿著漂亮的花裙，吃著奶油蛋糕，玩著各種有趣的玩具，她怎麼會不想要呢？

她想要，但是她不能要。

文馨成長於一個「煙硝瀰漫」的家庭，爭吵、打架是父母的家常便飯。摔碗，摔衣服，摔電器……能摔的、不能摔的，都摔！她早已見怪不怪。身為家裡的獨生女，她不但頻頻目睹父母的爭吵，時不時還會被家庭戰爭的餘波傷到，連帶挨一頓打罵。

對於其他小朋友來說，童年是彩色的，但是她的童年是灰色的。她不想總看到父母吵架，想逃離，又無處可去。

為此她常常想：「也許我的出生就是一個錯誤！」「也許沒有我的存在，爸媽就不會吵架了！」

充滿爭吵的家庭環境催生了文馨關於自我的消極認知。那種身心孤獨清冷的感受，讓她沉溺於自我否定，越來越覺得「我就是個錯誤」。

當她把「我」和「錯誤」劃上等號的時候，意味著一切需求、期待都是不合理的，甚至連自己的存在也是不合理的。

父母沒有把注意力和關愛投注在孩子身上，是孩子無法承受的。

為了應對這種事實，她就自己創造了一個合理化的解釋：「我不該出生，我的出生是個錯誤。」因為只有這樣想，才能讓父母的所作所為變得「合理」。

哪有孩子不渴望父母愛自己的？

和其他的孩子一樣，文馨也渴望父母關愛的眼神望向自己，渴望可以像其他小朋友那樣向父母要求禮物，渴望父母能夠少吵架，多陪陪自己……可是那個「我就是個錯誤」的想法，無情地阻隔了她內心深處的渴望。

就像文馨一樣，那些從小沒有得到過父母愛的孩子，他們認為這個世界上所有的事情必須、也只能依靠自己。當自己成為唯一可以依賴的人，慢慢地也就喪失了求助的能力。

每個人都有一種原始的願望，那就是無論自己做什麼、表現如何，別人都始終都能愛我們。這在心理學上被稱為「嬰兒般的自戀幻想」，聽起來不實際，但對於我們人格的形成和發展至關重要。

如果我們這個原始的願望在早年得到了滿足，就會快樂自由地成長；如果沒有被滿足，便會體驗到生存危機，並對自己提出很多要求，像是要求自己「乖一點」「要聽父母的話」「不可以對父母提要求」等等。因為只有做到這些要求，似乎才能感受到「父母有可能愛我們」，生存危機才能夠解除。

在解除生存危機的同時，我們內在的人格會發展出一種對立的狀態：既渴望得到無條件的愛，又認為自己必須滿足各種要求才能得到愛，雙方持續對抗，就會引發嚴重的內耗。

很多像文馨一樣的人，小時候沒有被父母無條件地愛過，一直以來需要自己照顧自己，甚至常常還需要安撫父母的情緒。因此堅強、獨立就成了他們所習慣的生存模式。

他們不允許自己脆弱，不允許自己依賴任何人，因為這些事情一旦發生，就會喚起他們小時候因為缺愛而引發的生存焦慮。

而「求助」剛好是把自己放在「弱者」的位置上。它會讓人看見自己的脆弱，看見自己的不完美，看見自己對別人有所期待……

事實上，這種「不懂得依賴，只懂得硬來」的獨立，只是一種假性獨立。

那些幻想只靠自己就能搞定所有事的人，最終的結果就是把自己累垮。這種累，不僅指身體上的勞累，還包括精神上的絕望。

在成長的過程中，我們慢慢地學會了接受有條件的愛。但內心深處那個「嬰兒般的自戀幻想」，即「渴望有人無條件地愛自己」的意識一直存在。你越壓抑它，它就越突出。

假性獨立者不明白的是，一個人只要渴望被愛，就得學會把自己放在「弱者」的位置上。但並不代表你就是弱者，而只代表此刻的你屬於被愛的一方。

我們不要把「求助」和「弱者」劃等號，再強大的人也有脆弱的時候，只有敢於袒露自己的脆弱，才能心安理得地向人求助，才能更好地接受別人的善意和愛。

即便在求助的過程中遭到了別人的拒絕，就像父母曾經拒絕關愛你一樣，也只能說明，那個拒絕你的人沒有能力滿足你。無須自我懷疑，繼續找人求助，直到找到那個有能力幫助你的人。當告別假性獨立，能夠展示自己的脆弱時，你會發現源源不斷的善意和愛正在向你湧來。

是真的不想要，還是因為不敢要

我的諮詢者徐麗雲是一位年逾四十的女性。有一次她提到了關於裝修房子的困惑。她看見朋友從國外買回來的家具很漂亮很喜歡，考慮自己正在裝修的房子是不是也可以用漂亮的進口家具。可是她又覺得太貴，同時還看上了另外一組ＣＰ值很高的國產家具，為此糾結不已，不知道如何選擇。

對於她而言，購買國外進口的高檔家具並不困難。她經營一家公司，這些年發展得很好，簡言之一句話：不缺錢。

她認為自己只是過不了心理上的這一關。一直以來，她的消費理念就是追求性ＣＰ值，這甚至已成為生活圭臬。她問我是不是自己的格調太低，我沒有直接回答她的問題，而是反問：「那組進口家具，真的是妳非常想要的嗎？假設想要的程度滿分是十分，你打幾分？同樣地，那套所謂ＣＰ值很高的國產家具，你又給幾分？」

她沉思了一會說：「這兩組家具，好像都不是我非常想要的，換成其他的家具似乎也可以。」

我說：「那妳從小到大，有沒有自己非常想得到的東西，得不到就不甘休的那種？」

她又沉思了一會，說道：「從來沒有人問過我這樣的問題，你這麼一問，我發現自己好像還真的沒有非常想要的東西。」

生活中確實有很多類似徐麗雲這樣的人，他們溫和低調，和朋友在一起時，當別人談起最近買了什麼稱心的東西時，常常由衷地表示「我也想要」。可是真要追蹤下去，你會發現他們那句「我也想要」只是隨便說說，並不會付諸行動。

他們給人的感覺總是不疾不徐，不爭不搶，彷彿無欲無求的世外高人。他們如果真的活得超然，倒也能夠擁有神仙般的快樂。

可是如果你真正地了解他們，就會發現他們其實活得一點都不快樂。而且不快樂似乎找不到源頭，即便家庭美滿、事業有成，他們依然不快樂。

一個失去了快樂能力的人，內心一定潛藏著未被察覺的傷口。事實上，在諮詢工作中，我常常會遇見不同的人卻諮詢一個類似的問題，即「自己不知道該怎麼選擇」。

表面上看，這是一個關於選擇的問題，但深入了解後，會發現這是一個關於需求的問題。

「自己不知道該怎麼選擇」的背後，隱藏的真正問題是：「我真的敢要嗎？」

徐麗雲出生於知識分子的家庭，父母都是大學教授。

按理說，父母一輩子都從事教育工作，在養育子女方面應該比普通人做得更好。事實卻非如此，她從小到大並沒有從父母那裡得到足夠多的關愛。

在她的記憶中，母親性子比較急，常常顯得很焦慮；父親則忙於工作和做學術研究，總是沉默寡言。父母整日忙得焦頭爛額，疏於照顧她。

一位焦慮的母親，是沒有足夠的精力和注意力滿足孩子的需求。不僅如此，孩子因為感受到了母親的焦慮，反而還要時常安慰母親。

因此，童年時期的她是一個沒辦法提出自我需求的小孩。不能像其他孩子那樣自由地表達「我想要」，因為她的需求從來沒有得到過父母的滿足。

當孩子在潛意識裡形成「我的需求不會被滿足」的印記時，需求就成了一個不合理的期待，同時，表達需求則成了一件「不被允許的事情」。漸漸地，孩子內心的「不能要」就變成了「不敢要」。

當她表示「不知道自己該怎麼選擇」的時候，潛臺詞其實是「我很害怕當我說出要什麼的時候，會有麻煩出現」。

每個人的行為背後都隱藏著動機。

通常，我們的需求就是行為最大的動機。你為了考上好大學，於是選擇好好念書，那麼「考上好大學」就是需求，也是動機；你希望年終獲選優秀員工，於是選擇努力工作，積極表現，那麼你的需求和動機就是「年終獲選優秀員工」。

當一個人的需求被剝奪了的時候，他會表現出什麼樣的行為呢？他將不會再理直氣壯地追逐真實的自我需求，而只敢去追逐那些在別人看來「正確」「合理」的需求。

徐麗雲後來考上了一所不錯的大學，如今經營著一家不錯的公司，可是她很難從中獲得快樂，因為這兩者都不是內心真正的需求。考大學也好，開公司也罷，都不過是用來證明自己很優秀的方式。

生活中有太多這樣的人。他們擁有體面的工作，擁有成功的事業，但他們真實的自我需求被壓抑、被剝奪了，所以很難擁有快樂。

失去了快樂的能力，意味著也將失去追求創造的動力。儘管他們看上去一直在努力拚搏，但那不過是出於生存的本能，與他們自身真正的價值實現相差十萬八千里。

他們找不到奮鬥的目標，更無法理解活著的意義。

同時，他們內心被壓抑的真實需求一直在蠢蠢欲動，渴望被人看見、被人認可。

一個自我需求從未得到認同和滿足的人，是無法體會自己身為一個人的獨特價值，他所有的價值感都源於對他人的滿足。然而，一個人對他人的滿足越多，自我需求就被掩藏得越深。

他們真正渴望的是剝掉心靈所有的附加物，讓真實的自己被人看見，讓真實的自我需求得到盡情表達並且被人滿足。

糟糕的原生家庭剝奪了一個人的自我需求，是不是就意味著這個人一輩子註定不會得到快樂呢？

當然不是。我們成年後的經歷和經驗都會參與自我的塑造。

換言之，雖然小時候你的需求可能不被人理會，但這並不意味著現在依然如此。**當開始意識到你在忽略自己的真實需求的時候，不妨果敢地做出改變，去面對和堅持自己的需求。**

這樣的改變很簡單，從堅定地滿足自己的一些小願望開始，慢慢地，你就能夠坦然面對自己真實的大願望，最終成為一個能自我滿足的、快樂的人。

我記得當年讀《賈伯斯傳》時，對他在人生中的很多選擇欽佩不已。

像是他明明可以讀更好的大學，卻選擇了一所他認為非常符合自己理念的文理學院；在文理學院念了六個月，發現自己實在不想學一些無聊的必修課，又堅持退學；他熱中禪修，去了印度一趟後，開始吃素食，覺得素食可以淨化自己的身體……

這些看似瘋狂的決定，無不表現出賈伯斯對自我的堅持。而正如大家所知，賈伯斯並非出生在一個幸福的原生家庭——他曾被親生父母拋棄。

藉由賈伯斯的例子，我想告訴所有被原生家庭剝奪了自我需求的人，只要你勇敢地做出改變，最終一定能夠成為一個敢於堅定地說「我要」的人。

所有負面情緒，都是求救信號

我們先來看三個狀況。

【狀況一】

小陳是即將就讀研究所的學生，在暑假的實驗室裡，他認識了一群學長學姊。和大家在一起的時候，他多數時間都很靦腆，不怎麼說話，不過他打從心底認同這個團體。

他一直認為自己性格內向，長久以來，也在努力提升自己的社交能力。本來以為考上研究所，到了新環境後，自己會變得開朗一些。可是有一天，當實驗室裡只剩下他和另一位學長的時候，以往人際中那種焦慮、緊張的感覺再次出現，他恨不得立即從實驗室逃離。

【狀況二】

麗麗是企業員工，深受同事們喜愛。她是那種熱心、體貼、善解人意的大好人，總是主動幫助大家做很多事情，像是幫忙訂外賣、寄送快遞等。起初，她非常享受大家對自己的這種喜愛，但時間久了，突然發現自己好像開始討厭同事們，甚至討厭去上班。

為了調整狀態，麗麗只好請了一個長假——她憂鬱了。

【狀況三】

小張最近遇見了一個讓自己心動的女孩，對方似乎對他也有好感。本來已經有了對方的聯絡方式，可以試著進一步發展，但這卻成了他眼前巨大的難題。他不知道自己該怎麼聯絡對方，一想到萬一告白被拒，內心就充滿了羞恥和恐慌。於是，他把訊息編輯修改了無數次，始終不敢發送出去。

在以上三個情況中，我們看見了正受著不同負面情緒困擾的三個範例。也許，在「他人」這面鏡子中，有人看見了自己，因為自己也有類似的經歷。

每當陷入各式各樣的負面情緒時，很多人的第一反應就是逃避。

小陳可能會用打電動來逃避自己的社交焦慮，麗麗可能會用自我封閉的方式排遣自己的憂鬱，小張則選擇以拒絕聯絡對方讓自己避免體驗「可能被拒絕」帶來的羞恥和恐慌。

你選擇了逃避，就萬事大吉了嗎？

不。事實剛好相反，越是逃避，負面情緒越是如洪水猛獸，一次次席捲而來。

很多人總是在經歷了一次又一次的逃離失敗之後，才終於領悟：面對負面情緒，逃避根本不是解決問題的辦法。

每當負面情緒向你發動攻勢時，那麼急著想逃，卻從來沒看清楚過負面情緒的本質，又怎麼可能解決問題呢？

負面情緒的本質到底是什麼呢？

我用一位諮詢者的故事，給這個問題找一個答案。

小杜和其他大多數來諮詢的人一樣，有個非常糟糕的原生家庭。她的父母性格都很暴躁，習慣用暴力解決家庭問題。

童年時期的她，接受過太多來自父母的否定和批評。她有個哥哥，哥哥的經歷更是可以用「慘不忍睹」來形容，從小到大，不知遭受過多少次父母的打罵。在小杜的記憶中，哥哥有段時間常常被打得連家都不敢回。總之，兄妹倆在父母的管教下，在家裡每天活得小心翼翼、沉默寡言。

在諮詢室裡，小杜除了聊起自己原生家庭的不幸，還著重分享了一些令自己如今回想起來，都感到不適甚至恐怖的經歷。

在家中習慣了自我壓抑的小杜，在學校裡卻經常欺負同學。不僅如此，她還迷戀上了虐殺各種昆蟲和小動物。

「每天放學回家，總會經過幾處農田，我只要看見蛤蟆或者毛毛蟲之類的小動物，就一定想辦法把牠們抓住，並且用非常殘忍的方式弄死。現在回想起來，我真的不敢相信，曾經做出這樣的事情。」

個體的防禦機制各式各樣，也有積極和消極之分。

有一種消極的防禦機制，在心理學上叫做「置換」，指的是把對某人或某物的感情、欲望或態度，轉投到其他人或事物身上。

例如你在公司挨了上司一頓罵，回到家裡憋了一肚子氣，看到孩子不好好寫作業，只顧玩手機，便對小孩發火；小孩被訓了一頓後，心裡十分難受，於是一腳踢在身邊貓的身上……這種遷怒於其他人或事物的行為，背後就是「置換」防禦機制的關係。

對於童年的小杜而言，每天生活在一個充滿暴力的家庭環境中，內心充滿了恐懼、憤怒和委屈，但是她無法向父母直接表達這些情緒，因為「具有危險性」，也不為自我意識所允許。因此只能選擇壓抑這些負面情緒，找一個對自己來說較為安全的對象，將這些情緒表達出來。在對各種小動物的殘害過程中，她內心被壓抑的情緒透過「置換」的方式得到了表達和釋放。

那麼，負面情緒的本質到底是什麼呢？它是一種自我保護。

每一種負面情緒的出現，都是求救信號，它在用獨特的方式呼喊著：「救救我吧。」

回到開頭的那三個情況，無論是小陳的焦慮緊張，麗麗的憂鬱，或小張的羞恥和恐慌，這些負面情緒對於他們來說，都是內心亮起的危險信號燈，提醒他們要做好自我保護。

然而，當負面情緒出現時，如果一味地逃避，只會加劇創傷。因為逃避得越多，情緒感受就越單薄，應對的技能就越弱。從短期看，逃避能讓你獲得好處，但從長遠看，只會帶來更加持久的痛苦。

面對負面情緒需要做的，是看見它的存在，並臨危不亂地和它做朋友。你不必急著趕它走，而是要明白，它的出現是在提醒自己：危險來了。

接下來，你要允許它和自己相處，體驗一下那些危險是否真實存在。

每個人的潛意識，往往以非常零散的畫面儲存在自己的記憶裡，當負面情緒提醒你危險來到的時候，請問問自己：「我看見了什麼？」

你看見的可能只是早年的不幸經歷——那些過往的心理創傷，讓你一直以來執著於對「危險」的想像。實際上，過去已成虛幻，唯有當下，才是真實。

這不是對現實的妥協，而是對感受和真相進行分離。如此，你才能成為自己情緒的主人。

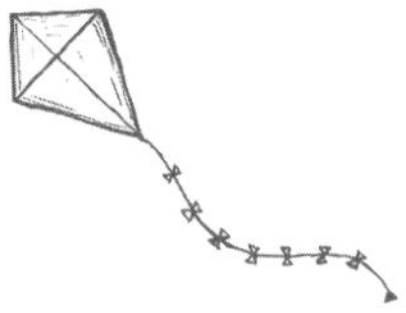

如何擺脫原生家庭的影響

為了掙脫原生家庭的束縛，你做過哪些事？

在從事心理諮詢工作的這些年裡，接待過無數原生家庭的受害者。為了掙脫原生家庭的束縛，他們有的在考大學的時候，刻意挑選了距離家很遠的地方；有的為了早日逃離父母的掌控，倉促結婚組了家庭；還有的年少出走漂泊在外，再也沒有回過家。

他們都信誓旦旦地表示，要過和父母不一樣的人生。在付出了許多努力後，以為「背叛」原生家庭就可以找到自己的幸福。

遺憾的是，大多數「背叛」就是在表達「忠誠」。他們用盡一生，也難以擺脫原生家庭給自己寫下的咒語。

這就是原生家庭的代際傳遞：不是過著父母的生活才叫代際傳遞，你拚命「背叛」的樣子，也是一種代際傳遞。

代際傳遞是指上一代人的心理特徵、行為方式傳遞給下一代人的現象，像是人際關係模式、親密關係模式，教育方式等方面的傳遞。這種傳遞不僅包含父母和子女之間的傳遞，也包含了家族之中無意識的傳遞。

有些人聲稱：「我不要過得像父母的樣子。」乍聽之下，會以為他們正在掙脫原生家庭的束縛，但如果仔細想想，就會發現另外一層意思：他們是在用「背叛」的方式，表達自己和原生家庭深刻的情感聯結。

每個人最初都是透過別人來認識自己的。小時候，我們對世界的理解幾乎是空白的，都是從自己親近的人——父母那裡，去了解「我是誰」「這個世界是怎麼回事」。父母就像我們的一面鏡子，我們在他們的回饋中獲取了相關問題的答案，建立起初步的自我認同。

隨著年齡的增長，我們開始感覺到了自己的力量，也開始透過其他方式慢慢認識這個世界。這時候的「我」，開始呈現出不再依賴父母的評價而存在的獨立狀態。

於是，「我」開始了和父母完成分離的過程，這在心理學上被稱作「自我分化」。當自我分化完成後，我們在情感和人格上便都獨立於父母而存在，我們對自己、對世界也有了自己獨立的觀點和認識。

當一個人不斷地強調「我不要過得像父母的樣子」時，意味著他還沒有完成自我分化，看似是他對原生家庭的「背叛」，但這種「背叛」並不是出於自由意志所做的選擇，而是一種基於心理創傷的對抗。

當然，對抗並不是一件壞事。

我們從原生家庭分離的第一步就是對抗，懂得對抗證明我們擁有了明確的自我意願。只不過這種對抗應當基於自己的真實需求，以求完成自我實現，而非聚焦在自己的童年陰影中，被心理創傷、負面情緒綁架。

如果一個人只是想透過對抗的方式逃離童年痛苦的感受，而不是真正地建立自我。因此，這樣的「逃離」註定是徒勞的。

美國精神分析治療師、系統家庭理論奠基人莫瑞・鮑恩指出：「一個人成熟的標誌，是在情感上真正地獨立。」一個人想擺脫原生家庭的影響，情感獨立才是關鍵。情感獨立，意味著自我分化接近完善，能夠靈活地面對自己的情感需求。那麼如何才能做到情感獨立呢？

一、了解父母的局限

被原生家庭傷害過的人，有一種普遍性的情緒，就是對父母充滿了怨恨。

事實上，怨恨背後藏著的是沒被解決的問題。它可能是一種渴望、一種遺憾，例如渴望得到父母的愛、遺憾不被父母認同等等。

我們可以不認同父母，但應該試著去了解他們，看到他們所處的時代背景，看到他們各自的原生家庭環境，懂得理解他們的局限性，然後慢慢放下內心的怨恨。

我們若能放下怨恨，也就不再期待得到父母的滿足，這是情感獨立的開始。

二、重塑自我信念

糟糕的原生家庭，容易讓人不自覺地接受一些負面的自我認知，並進行自我否定、自我攻擊。此時，個人的力量是被削弱的，需要不斷透過外界來獲取。

因此，情感獨立的第二步，就是學會重塑關於自我的積極信念。

我們可以找一件有意義的小事，堅持做下去，比如跑步、寫作等等。在堅持的過程中不斷獲得自信，久而久之，我們就不會那麼依賴向外界尋求自我證明。

三、創造新情境、尋找新體驗

在我們的成長過程中，父母對待我們的方式、父母彼此間回應的方式等，很大程度上塑造了我們的情感模式。

在走向情感獨立的路上，我們可以嘗試在現實生活中多交一些不同個性的朋友，了解他們應對事物不同的態度和處理方式；或者參加一些心理學的活動，從中感受全新的人際互動等等。

總之，我們需要給自己創造一些新的情境，去獲取一些新的情感體驗。如此才能最終斬斷「原生情結」，在情感上做到真正的獨立。

我們做到情感獨立時，便真正擁有了自我。此時面對原生家庭，我們就擁有了「心理免疫力」。

這個時候，我們根本無須「逃離」，就已經擺脫了原生家庭的束縛。

如何提高性格的靈活度

溫寧覺得自己太內向了，內向到已經嚴重影響了自己的日常生活，例如在社交場合就容易緊張。看著別人如魚得水地談天說地，她很羨慕。有時候她也會主動參與大家的聊天，可是無論如何努力，內心那股緊張感也揮之不去，甚至連言談舉止都開始變得彆扭、僵硬起來。

關於自己社交緊張的原因，溫寧簡單歸結為：自己的性格太內向了。

事實上，生活中隨處可見像她這樣的人，為了讓自己表現得合群一些，不惜違背內心的意願，小心翼翼地迎合他人。

於是，他們一邊羨慕別人在社交場合裡如魚得水，一邊在刻意融入環境的過程中陷入身心俱疲的境地。

如果你也是這樣的人，請先不要急著給自己下結論，認為一切問題都是由自己內向造成的。仔細想想，也許在另外一些場合，或是和另外一群人在一起的時候，你同樣可以表現出很健談、開朗的一面。

有的人只能在特定的環境裡，才能展現出自己社交能力，而在其他環境中則彷彿變了個人，極度的焦慮和緊張。這就不是「內向」的關係，而是「性格靈活度」的問題。

什麼是性格靈活度？

簡單來說，就是指我們在面對外界刺激時保持自我意識，以及自我整合的能力。

那些性格靈活度高的人，具有較強處理負面情緒的能力，也更能以開放的態度面對生活，從容地應對各種狀況，適應不同角色，從而獲得良好的人際關係。

那些缺乏性格靈活度的人，則容易讓自己的生活秩序變得僵化、脆弱。具體來說，他們在生活中常常會有如下的表現：

一、缺少換位思考的能力，常常選擇以「非黑即白」、自我的方式來處理事情，看不到事情的多面性。

二、對於不符合自己意願和期待的事情，常常產生逃避心理，會認為「我就是這樣」「我無須改變什麼」。

三、適應能力不足，難以融入新環境，面對生活中突如其來的變化，毫無招架之力。

四、情緒調節能力差，在困難和壓力面前，容易被持續的負面情緒、強烈的情緒波動影響。

當我們在嬰兒時期還不懂得使用語言與人交流時，父母透過哭鬧聲來理解我們的需求。在他們搖晃的臂彎中，我們感受到被安撫；遞奶瓶的時候，我們感受到被滿足。父母透過共感的方式為幼小的我們創建了一個安全的環境。

隨著慢慢長大，我們開始對周圍的一切充滿好奇，於是嘗試去探索這個世界。在探索的過程中，我們可能會受傷，但同時對周圍的環境有了初步的認識和理解，並且發展出相應的應變能力。

在安全的環境裡，我們可以自由地去探索，慢慢地，我們的自我就會逐步得到建立和完善，養成具有較高靈活度的性格。

我們如果出生在一個父母缺乏共感能力的環境中，會發展成什麼樣呢？哭聲總是沒有人回應，飢餓也常常得不到及時的食物提供，缺乏安全感的你，漸漸對這個世界充滿懷疑甚至敵意，就會導致性格缺乏靈活度。於是長大後的你，因為太缺乏安全感，很多社交場合對你來說一樣充滿了危機。

另外，控制型的父母也容易培養出性格靈活度匱乏的孩子。這類父母習慣對孩子設立很多規矩，這對孩子進行自我探索形成了極大的限制，導致難以發展出真正的自我。當外部環境呈現出不同的狀況，孩子如果缺乏獨立應對的意識，往往就會依賴父母的意見。久而久之，難以養成具有較高靈活度的性格。

總之，一個人的性格靈活度如何，取決於他的自我是否完善。如果他的自我得到了充分的發展，那麼性格靈活度就會比較高；相反，如果在成長過程中一直被壓抑和限制，那麼他的性格靈活度就會比較低。

「幸福的童年治癒一生，不幸的童年要用一生去治癒。」這句流傳甚廣的話，雖然有道理，但我們也應該知道，人的發展是可以透過主動來改變的。童年並不能完全決定我們的一生，我們可以透過後天的努力，不斷提高自己性格的靈活度。

首先，卸下內心的自我防禦。

性格靈活度匱乏的人，通常對自己的一些想法和行為比較執著，很難改變固有的行為模式。想要提高性格靈活度，首先就要卸下自我防禦，推倒內心的那堵「高牆」，平時可以多去參加一些有助於卸下防禦的活動。像是練習跳舞，每一次身體的舒展，都能舒緩情緒，從而更好地與他人建立聯結。

其次，多和共感能力強的人相處。

在共感能力強的人面前，我們更容易「被看見」和「被接納」。和他們相處，我們內在會逐漸發生變化，從而發展出更加完善的自我。

能夠和我們共感的人，或許是心理諮詢師，也可能是我們生活中的長輩或朋友。不管是誰，如果你發現了這樣的人，一定要努力去和他建立一段長久的關係，讓自己從中獲得治癒。

提高性格靈活度最大的意義是什麼？在我看來，它能讓我們內心生出更多的悲憫和仁愛，在與人交往的時候，既不傷人，也不傷己。

第三章

邊界思維

如果無法擺脫「認同攻擊者」的防禦機制，
不能建立清晰的邊界意識，我們的人生將變成一場災難，
因為缺乏界限感的人是沒有能力保護自己的。
你一味地忍讓和遷就，讓自己的心理門戶大開，
結果只會任由他人長驅直入。

缺少界限的關係，就是一場災難

周怡出生在一個有點特殊的家庭，父親身體殘疾，母親為了能住在大都市，從偏遠的農村嫁過來。因此這樁不是以愛為基礎的婚姻，本身就有問題。母親相貌出眾，結婚後身邊依然追求者甚多。

剛結婚不久，母親就想和有殘疾的丈夫離婚，過新的生活。但不巧的是，很快就發現自己懷孕了，於是只好打消這個念頭。

周怡的出生，在母親看來是有原罪的——因為有了周怡，她沒辦法拋開丈夫，失去了改變命運的機會。

這個「原罪」意識，導致周怡的母親在內心無法親近自己的女兒，甚至有點討厭她。再加上丈夫因為殘疾無法為這個家庭承擔更多的責任，生活的重擔幾乎全落在母親的肩上，她內心的怨氣就更重了。

孩子天生敏感，周怡察覺到了母親對自己的不滿和埋怨，所以從很小就學會了討好母親。

據她回憶五六歲的時候，她已經能夠煮一些簡單的飯菜了。然而這樣的討好並沒有改變母親的態度，對她的批評反而變本加厲。

在整個童年記憶中，母親對她和父親的肆意指責，成了家庭生活的「主旋律」。因為找不到庇護所，面對母親對待自己的所有方式，周怡能做的只有無條件地認同。

也就是說，在成長過程中，母親對她的埋怨、指責、挑剔等，都得到了她的認同，而且她將這些「不被愛」的感受內化成自我的一部分。

在心理學上，這種情形叫做「認同攻擊者」。

當我們認同了攻擊者，就意味著在自己的內心安排了一位警察。

這個內在警察時時刻刻盯著我們，讓我們體驗到小時候被攻擊者對待時的感受。在成長的過程中，我們逐漸變得慣性地否定和批評自己，對別人的情緒異常敏感，不敢和他人發生衝突，喜歡用委屈自己的方式緩和一段緊張的關係，並且形成歸咎自己的思考模式，常常覺得一切都是自己的錯等等。

每個人的成長，都要經歷從共生到分化，再到獨立的過程。

當還是嬰兒時，我們和母親是一體的，如果沒有母親，我們就無法存活。

英國心理學家威尼科特說過：「當提到嬰兒時，我們無可避免地要提到他的母親。」此時嬰兒和母親是共生融合在一起的。

後來，我們漸漸有了自己的思維，對母親的需要程度也在遞減，直到迎來人生中的第一次分化，處於嬰兒期的我們有了「我」的意識，知道了媽媽是媽媽，我是我。

這種分化會隨著年齡的增長逐漸加強，在青春期的時候迎來最高峰，孩子開始展現出叛逆的一面，試圖主宰真正的自我，完成和母親的分離。

在一個家庭中，如果父母的人格是完善的，對孩子的管理方式是正確的，那麼孩子將會順利成長，最終建立自我認同，實現個人的心理獨立。但是如果像周怡一樣，出生在一個糟糕的原生家庭中，那麼她的自我認同之路就會受阻。

人總是先透過學習的方式，將他人對自己的認同內化，然後才能逐漸發展出獨立的自我認同。

但像周怡這樣，如果她內化的是母親對自己的攻擊，那麼就很難發展出自己的自我認同。每當她想要認同自己的時候，那個暴力的母親形象就會在潛意識裡跳出來，對自己進行一番攻擊。這也意味著，她始終在背負著母親的形象，無法和母親完成分離。

如果我們的內在世界無法和母親完成分離，這種共生融合的感覺就會被我們投射到外部世界。

對於周怡來說，她缺乏清晰的邊界意識，儘管從表面上看她已經是一個成熟的大人，但內在始終是一個尋求認同的小女孩，而周圍的人則象徵著「母親」，她將自己和他人在心理上捆綁在一起，心中呼喊著：「請你們認同我吧。」

如果無法擺脫「認同攻擊者」的防禦機制，不能建立清晰的邊界意識，人生將變成一場災難，因為缺乏界限感的人是沒有能力保護自己的。你一味地忍讓和遷就，讓自己的心理門戶大開，結果只會任由他人長驅直入。

無法在心理上保護自己的人，一定會在現實世界中屢受傷害。

對於周怡來說，母親的攻擊其實是一種隱形操控，當她沒有能力擺脫這種操控時，只能不斷地向母親尋求認同，最終造成無休止的內心衝突。

那麼如何才能建立清晰的邊界意識呢？

首先，要敢於對別人說「不」。判斷自己是否應該做一件事情，只有一個方法，那就是尊重自己的感受。

其次，檢查自己的投射。我們與這個世界建立聯繫，是透過投射的方式。所謂「投射」，簡單地說就是指「我認為的」。遇事多問問自己「真的是這樣嗎」，因為往往我們所認為的，並不一定是真相。

最後，也是最重要的一點，就是要堅定「即使是我錯了也沒關係」的信念。要做到對自我的全盤接納，這關乎核心自我的建立。

做一個允許自己犯錯的人，別人就很難影響你，也很難打破你的邊界。

在成長的歷程中，一個人不可避免地會背負原生家庭的一些印記，如果被這些印記所束縛，就會活得很累，也很難活出自我。

我們只有看清自己的處境，並勇敢地衝破這些束縛，才能迎來真正的新生。

被「偷走」的人生，該如何挽回

當身邊的朋友們都在為了找工作費力勞心時，即將研究所畢業的李瀟，已經準備去他人生中的第一份工作報到了。

那是一家工作穩定、待遇優厚的公司。

事實上，他沒花什麼力氣就得到了這份工作，父母擁有的社會資源給他很大的助力。工作有了著落後，父母又將一把鑰匙交到了他的手裡——一間三房一廳的新房子，算是送他的畢業禮物。

在同學們眼裡，李瀟是絕對的人生勝利組，讓大家煩惱的好工作、新房子，他都能夠輕鬆獲得。

但這讓人稱羨的一切，對於李瀟來說，卻都「滿沒意思的」。大部分的時間，他沉浸在網路遊戲中，偶爾抽出身來，看著身邊忙忙碌碌的同學們，他的心中反而感到羨慕。

「為什麼擁有了同學們想要的一切，我卻沒什麼感覺呢？」

「我真的一點快樂的感覺都沒有，這究竟是為什麼呢？」

在諮詢室裡，李瀟發出了這樣的疑問。

不僅活得不快樂，李瀟發現自己還厭惡許多事。

例如社交，每逢生日或者某些特殊節日的時候，朋友們都會相招聚會活動，相談甚歡，玩得盡興。

但當曲終人散，回到家的時候，他總覺得這樣的聚會很無聊。相比之下，一個人打電玩似乎更有意思。

總之在別人眼中，李瀟過得很好，衣食無憂，朋友也多；但在他自己看來，早已對擁有的一切感到麻木，覺得生活無聊透頂。

相信我們每個人都有收禮物的經驗。一般而言，當收到別人饋贈的禮物時，我們都會感到開心。但為什麼李瀟在收到房子這樣貴重的禮物時，卻感到麻木呢？

答案很簡單：李瀟收到的禮物太多了。

收到的禮物多，可以理解為父母對他的生活干涉得過多。

當生活被父母一味操控，他的世界就不再受控於自己。在他的世界裡，他覺得自己「一點用處都沒有」。

看似完美無缺的安排，本質上是父母過度的操控。正是這種操控，讓李瀟產生了自我的無價值感。

一個人生來就是要追求自我價值的，如果他總是被無價值感包圍，常常感到自己無能、無用，又怎麼會快樂呢？

有一個概念叫「心理主動性」，指的是我們對自己人生的主宰感。具體而言，就是我們清楚地知道自己才是人生的設計者、建設者和受益者。

許多父母表現出很努力、很上進、很陽光、很熱情、很有活力的樣子，但本質上卻是活在一種被動的人生裡。他們內心充滿了焦慮，迫切希望自己的孩子能夠替自己實現人生未竟的理想。

年紀還小的時候，對於要承擔父母期待這件事是缺乏個人意志的，只能聽從父母的安排。但當能夠自己做決定的時候，卻早已習得了一種心理認知——認為自己的價值，是滿足別人需求的展現。

這種錯誤的認知，讓孩子在成年後體會到一種不完整感，因為失去了對生活和自我的控制權，所以感到深深的沮喪和委屈。

我在諮詢的過程中發現，李瀟的讀研究所、工作甚至交友，許多方面本質上都是母親理想的延續。他沒有屬於自己的人生，只是達成母親理想的一個「工具人」。

一個人最根本的心理需求，就是尋找對自我價值的肯定。換言之，我們每個人都希望能為自己而活，能對自己的人生負責。只有感受到這種對人生的掌控感，內心才會煥發活力和創造性。

對於李瀟而言，他的這種價值感已經在滿足母親投射的過程中被摧毀了，他只能被動地按照母親的期待去生活。對於經營自己的生活，他沒有一絲主動的意願，因為他知道，生活早已不屬於他。

人生被「偷走」的李瀟，在完成母親期待的同時，也形成了價值依賴。

在他看來，按照母親的要求生活，可能並不會那麼快樂，但也不會有什麼災難性的後果；可是如果不按照母親的要求去做，後果可能是自己難以承受的。

李瀟的自我價值感早已習慣建立在滿足母親的期待上，如果離開這個設定，他就會本能地懷疑自己的價值。

當有人告訴他可以按照自己的意願去選擇人生的時候，他的反應是退縮和逃避，然後他會小心翼翼地問自己一句：「我真的可以嗎？」

於是，哪怕討厭社交，李瀟還是會強迫自己去維持一個好人緣的形象；哪怕不喜歡父母安排的工作，李瀟也不敢違背母親的意願，去追求自己真正喜歡的工作——他就這樣被動而痛苦地蜷縮在母親的期待裡。

怎樣才能改變麻木的生活狀態，擺脫無價值感呢？李瀟需要做的就是掌握自己人生的主動權。

他可以想像，假如告訴母親自己將不再為了滿足她的期待而活，母親的反應只會是氣憤和不解。她大概會這麼說：「你這個不孝子，我辛辛苦苦做的這一切，難道都是為了我自己嗎？」

李瀟想要得到的是心理滿足，而母親只給了他物質上的滿足，這種需求上的不匹配，導致雙方很難進行真正的溝通，因為母親沒有意識到，自己真的「偷走」了孩子的人生。

他要想掌握人生的主動權，就要成為自己的人生設計者、建設者、受益者。

其中最難的一點是：承認自己才是自己人生的受益者。之所以最難，是因為我們需要處理大量深藏於潛意識中的愧疚、羞恥和恐懼等負面情緒。

這點也是李瀟最重要的事，這也意味著要違背母親的意願，去做那些真正能夠讓自己快樂的事情。而所需要付出的代價，就是和母親完成分離，脫離母親給予他的保護。

韓劇《二十五，二十一》裡有這樣一個情節：擊劍隊員李睿知向教練提出想要放棄擊劍，理由是自己無法從中找到快樂。

教練說想要放棄可以，但得先打進全國八強。李睿知因此拚命訓練，最終真的打進了全國八強。這時教練又說：「都已經進入八強了，繼續努力，就可能成為四強選手。」

李睿知回答道：「不，教練，我的擊劍生涯到這裡就可以了，把機會留給更熱愛它的人吧。」

每個人都可以掌控自己的人生，都可以選擇做讓自己真正快樂的事情。我們只有**告別對他人的價值依賴，確認自己才是自己人生的設計者、建設者和受益者，才能創造屬於自己的人生。**

你所謂的心直口快，不一定是真的爽快

余悅在她的朋友裡有一個綽號，叫做「滅絕師太」。這倒不是因為她個性強悍，而是因為她說出的話常常有巨大的殺傷力。

像是朋友在群組裡討論聚會的事，七嘴八舌地討論著具體的時間和地點，一時間無法決定，余悅就直接在群組裡說自己不參加了，理由是「你們真的太囉嗦了，我的時間很寶貴」。

又如要是哪次聚會有人遲到，她也會毫不客氣地直接指責對方：「守時是最基本的素養，你這樣老是遲到，怎麼在社會上混？」這種不近人情的批評，常常搞得對方無比尷尬。

看見余悅一直單身，朋友好意地勸她：「妳三十幾歲了，是否該找個男朋友，不然多孤單。」

余悅答道：「別替我操心！你不知道單身的日子有多爽，我哪裡需要什麼男人！」

總之只要她一開口，大家就幾乎接不了話。有朋友提醒她說話的時候考慮一下別人的感受，畢竟不是人人都能接受那麼直接的說話方式。

聽到這樣的建議，她反而覺得自己很委屈：「我說的就是事實啊。我只是心直口快而已，有什麼錯嗎？」

在心理學的範疇，語言是一個人內心活動的反映。語言的內容以及表達方式，都在清晰地傳達著一個人內在的心理活動。

我們常常用「心直口快」形容一個人爽朗直率的性格，但從心理動力學的角度來看，這種交流方式至少有以下三層深刻的含義：

一、表達「我不想看見和理解你」

能夠表達自己的感受和想法，是一個人獲得獨立人格的前提。

但是如果一個人在表達的過程中完全不顧及對方的感受，就說明他在與人溝通的時候，內心深處是沒有理解對方、與對方共感。

有人在成長過程中，很少獲得他人真正的理解和支持，導致內心積壓了很多委屈，消耗了很多心理能量，因此他也就沒有更多的能量去理解和支持他人。

二、表達「我渴望被你看見」

每個人最終的心理需求，都是渴望「被看見」。這是指「你出現在我的世界裡，彷彿一道光，照亮了我的黑暗世界」。

我們都渴望有人能夠接納自己所有的不完美，讓我們感受到溫暖和力量，感受到活力與生機。

一個從小沒有被父母全盤接納的孩子，會用一生的時間去追尋「被看見」的體驗。所謂「心直口快」，就是尋求「被看見」的一種途徑，潛臺詞是：「我把我真實、不完美、看上去有些讓人討厭的自己全部呈現出來，希望你能夠接納這樣的我。」

三、表達「我要攻擊你」

除了很委屈，沒被父母接納過的孩子內心深處還會積壓許多憤怒，但出於對父母本能的愛，孩子會在內心深處壓抑自己的負面感受。這些感受並不會消失，而是會在以後的日子裡到處尋找表達的出口。

「心直口快」之所以讓人感覺不舒服，是因為它本質上是攻擊性的一種表達，這種攻擊性就源自原始的負面感受。一個人因為潛意識裡充滿了委屈和憤怒，所以就會在行為上表現出攻擊性。

真正成熟的人，都擁有清晰的心理邊界，既能真實地表達自己，又能照顧好他人的情緒；能做到既讓自己舒服，又讓別人舒服。

因此，「心直口快」常常是一種缺乏心理邊界的表現。

當然，我並不是說這樣一無是處。

有時候那些說話開門見山、簡單直接的人，在社交場上普遍被認為真誠而大受歡迎。我想表達的是，那些不照顧別人情緒而「心直口快」的人，如果能夠調整一下表達方式，讓自己變得更友善一些，那麼一定會擁有更加和諧的人際關係。

那我們該如何調整自己的表達方式呢？

首先，把內心的委屈和憤怒表達出來。無論是找朋友傾訴自己不幸的童年經歷，還是給傷害過自己的人寫一封信，都是很好的療癒方式。在此過程中，讓情緒逐步得到釋放。

其次，說話要學會慢半拍。嘗試讓自己慢一點開口，開口之前想一想，如果別人用這種方式和你說話，你會有什麼感受。這樣換位思考後，會更能理解別人的感受，從而減少自己不合時宜的「心直口快」。

最後，每天讚美三個人。童年的情感創傷讓你習慣沉溺於黑暗的能量狀態中，要擺脫這種負面感受，你可以嘗試每天讚美三個人。所謂讚美，不是客套地說一句「你真的很棒」，而是發自內心地欣賞別人的優點。

當能夠看到別人的優點，並且表達自己的讚美時，就意味著你擁有了積極的思維。這種積極的思維將帶領你走出創傷，感受到自己的美好。

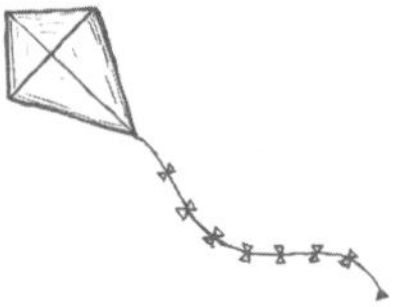

如何擺脫病理性羞恥

【狀況一】

早上上班時，李曉寧在電梯口偶遇自己的直屬上司，正猶豫要不要主動上前打招呼，自己就被人群擠進了電梯。搭電梯的過程中她非常忐忑，因為覺得自己不和上司打招呼似乎是不對的。

【狀況二】

在辦公桌前工作的李曉寧，偶然瞥到斜對面的兩個同事邊說邊笑，在議論著什麼，她不自覺地低頭檢查了一下自己的樣子。她總覺得那些議論裡，有關於自己的一些內容。

【狀況三】

上司把李曉寧叫到辦公室，指出她昨天提交的報告裡有一處錯誤。於是她陷入自我懷疑，認為一直以來自己似乎什麼都做不好，簡直一無是處。她覺得上司大概早就討厭自己了，這份工作真的很難繼續做下去。

以上都是李曉寧日常工作中的景象。

總之，她總是因為工作中的一些小事而終日惶惶不安。

這種惶惶不安的感覺，實際上與其內心的羞恥感有關。

生活中我們常常有羞恥的感受，例如當眾出糗，或是公開告白被拒絕的時候，感到羞恥是我們正常的情緒反應。

不過像李曉寧這樣，在日常工作和生活中，時時刻刻被「羞恥」所困擾，以致終日惶惶不安，則是羞恥感的一種過度表現。

在心理學上，這種現象叫做「病理性羞恥」。

那些懷有病理性羞恥的人，會覺得自己的存在本身就是一種錯誤、一種羞恥。在這種根源性的認知下，會衍生出一系列負面的自我認知，於是他們會一味地進行自我貶低，誇大自己的缺點，認為「我簡直一無是處」「我活該被人批評」等等。

懷有病理性羞恥的人，總是輕易地從各方面否定自己。也許在別人看來，他們擁有很多亮眼之處，可惜習慣性的自我否定，讓他們一直以來忽視了自己的優點，只盯著自己的缺點。有時候為了能融入環境，他們會盡量表現得自信，但總是難掩內心的不安。

事實上，當一個人從根本上否定了自我，便意味著他喪失了自己的「存在邊界」。這時候別人的任何言語或行為，在他眼中都有可能成為一柄利器，向自己的世界狠狠刺入。

根據佛洛伊德的人格結構理論，完整的人格結構由三部分組成，即本我、自我和超我。本我由欲望支配，遵循的是快樂原則，它不顧現實，只要求滿足欲望；超我由道德支配，遵循的是理想原則，它透過自我典範（即良心和自我理想）確定行為標準；而自我是面對現實的我，遵循的是現實原則，它活動於本我和超我之間，以現實條件實行本我的欲望，又要服從超我的強制規則。

懷有病理性羞恥的人，其自我一定是弱小的，因此才會時時刻刻感受到自己的不足。為了應對生活中的種種挫折，他們就會發展出非常理想化的超我，幻想自己是完美的、全能的。這就好像一個被困在深淵的人，他的自我呼喊道：「我完蛋了，一定逃不出去！」他的超我則說：「你就像神一樣偉大，可以超越所有的苦難！」

懷有病理性羞恥的人，不斷地否定自我，同時強化著他們對「完美自我」的需求。在他們看來，如果做不到完美，自己就會陷入永無止境的羞恥感中。然而越是追求完美，越是能夠發現自己的缺點，從而越會加強對自己的否定和攻擊。這種矛盾的、病態的人格，讓他們常常充滿無力和絕望。

如何走出病理性羞恥？

你需要建立自己的「存在邊界」，從根本上承認自我存在的合理性。

你知道自己很多時候是脆弱的、很多事情是做不到的、很多地方是不如別人的……但這一切都沒有關係，你依然有自己存在的獨特價值。

以色列作家哈拉瑞在他的著作《人類簡史》中提出了一個非常有趣的觀點，他認為智人之所以能夠在進化中勝出，最終站在食物鏈頂端，離不開自身的一項重要能力——講故事的能力。

和人類的發展史類似，一個人的自我發展史也建構在故事之中。

那些負面的自我認知，就是你在大腦中為自己搭建的故事，一旦認同了那些故事，你將在自我否定、自我貶低的情境裡繼續發展，最終度過糟糕、消極的一生。

而你只有先改寫自己大腦中的故事，才能改寫自己的人生。

這並不容易做到。因為必須先擺脫別人給你設定的「原罪」——那些你認為自己糟糕的地方，那些貼在你身上的負面標籤，告訴自己「這不是我的錯」。

當你不再給自己「定罪」時，就可以去嘗試為自己搭建新的故事，擁抱新的人生。

習慣說「好吧」的人，不一定是真的好

是否遇見過這種類型的人：每當面對自己不滿意的人或事，習慣以各種隱蔽間接的方式——例如沉默、暗示等等宣洩自己的情緒，表達自己的攻擊性，常常讓人摸不著頭腦。和他們相處，有時甚至嚴重懷疑自己是不是做錯了什麼。

如果身邊正好有這樣的人，那麼很可能就是遇見了「被動攻擊者」。

唐小靜因為人際關係方面的困擾，走進了我的諮詢室。按照她自己的表述，她在公司裡屬於十足的「老好人」：像是公司有個很不喜歡的同事，經常找她吃飯或逛街，儘管內心不想去，但每次還是會答應對方。其他同事就更不用說，無論誰找她幫忙，她都會幫。

我問她：「妳幫別人的時候開心嗎？」

她沉默了一會兒，回答了四個字：「假裝開心。」

隨著諮詢的深入，我了解到她在生活中顯然把自己當成了一個演技高超的演員。

但只要是表演，就一定會有破綻。她那些「不開心」還是透過其他形式表現了出來：例如在和那位不喜歡的同事逛街時，她偶爾會以開玩笑的口吻，嘲諷對方眼光差、沒品味；在幫其他同事的時候，也常常故意表現得有些粗心。

雖然沒有直接展現自己的不滿，但她還是以一種非常消極隱蔽的方式，把內心的負面情緒表達了出來。這種表達負面情緒的方式，就叫做「被動攻擊」。

一個不懂拒絕的人，註定要承擔違背自己意願的痛苦。她人際困擾的根源，便在於不懂拒絕。為了滿足別人的期待，苦心經營著自己「老好人」的設定，但內心被隱藏起來的負面情緒還是會不可避免地冒出來。

負面情緒被壓抑得越深，反抗起來越激烈。唐小靜的內心深處，其實有著強烈「做自己」的渴望。當無法明確說「不」的時候，她只好選擇用「被動攻擊」的方式表達自己的拒絕，其潛臺詞便是：「你讓我難受，我也不會讓你好過！」

「被動攻擊」的危害在於不僅會破壞人際關係，更是一種對自我的懲罰。因為自己的負面情緒無法被直接正常地釋放出來，「被動攻擊者」們會長時間處於一種消極的狀態，嚴重影響自身的心理健康。

常常識別他人的「被動攻擊」不難，難的是檢視自身。

那麼該如何判斷自己是否陷入了「被動攻擊」的人際互動模式呢？

可以仔細回想一下，自己在生活中是否有這樣的行為習慣：當對別人心生不滿時，不會直接指出來，而是表現出一種悶悶不樂的情緒；對某人有意見，會主動疏遠對方，而不說明原因；對待工作，有時會故意拖延、懈怠、不配合，只為「懲罰」某人；常常用各種誇張的動作而非語言表達自己的否定意見，比如關門故意特別大聲……

如果有以上類似的狀況，那麼你在生活中同樣習慣使用「被動攻擊」。

發現自己存有「被動攻擊」，我們就該學習如何擺脫這種不良的互動模式。

首先，提高感知自己情緒的能力。「被動攻擊」的發生，往往源於我們對自身情緒的忽視——不僅是對情緒本身的忽視，也包括對情緒來源的忽視。只有看見自己的情緒，看見情緒發生的過程，才能看見自己「被動攻擊」背後的需求，從而激發自我改變的動機。

其次，將自己的感受語言化。一個人之所以開啟「被動攻擊」模式，一定是因為內心的某種消極感受被引發了。當我們能夠將這些感受平和地說出來，就更容易被對方理解和接受。大量心理學研究顯示：人際溝通中能夠真誠地表達自己的感受，對促進彼此關係的發展有著極為重要的意義。

最後，針對唐小靜這類人，只需做到一點，就能從根源上擺脫「被動攻擊」，那便是**培養拒絕他人的能力**。長久以來，因為不懂拒絕，他們早已習慣違心地迎合周圍的一切，導致內心週期性地累積大量的負面情緒。接著這些負面情緒又被以「被動攻擊」的方式，一次次報復性地表達了出來……

只有學會拒絕他人，建立起自己的邊界意識，才能真正走出「被動攻擊」的惡性循環。

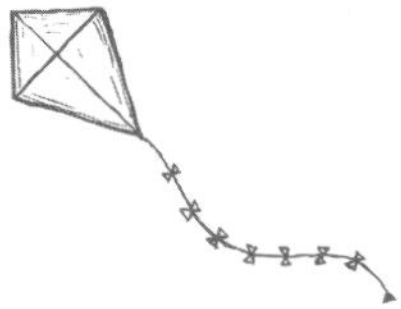

別輕易地說你懂我

生活中有這種人：在和你交流的過程中，總是喜歡用非常篤定的口吻評價你，例如「你一定要……」「你絕對會……」「我早說過你應該……」等等，這些都是他們慣用的句式。

自以為對你甚為了解，實際上，他們只是好為人師，甚至喜歡隨意給你貼標籤罷了。更讓人煩惱的是，當你澄清事實或反駁時，他們反而會露出一種意味深長的神情，好像早已看穿了一切似地對你說：「哎呀，你就別裝了！」

聽到這種話，相信你已經意識到你們之間存在著一道溝通的鴻溝，你能做的，就是放棄辯解轉身離去，或者苦笑回應一句：「好吧，就你有理。」

心理學上有一個概念，叫做「投射」。這是什麼意思呢？

如果人像放映機，投射的過程就是透過操作使底片成像的過程。一個人把自己的情感、意志、行為動機等強加給另外一個人，這就是「投射」。

顯然那些即使遭到我們否認後，依然堅信自己很了解我們的人，就熱中於「投射」的遊戲。他們對自己的判斷和理解堅信不疑，便是因為他們只看見自己底片上擁有的東西，卻看不見底片之外的其他東西。

你可能會疑惑，為什麼有人會在人際關係中玩這樣的遊戲呢？那是因為他自身需要。在某些情況下，個體出於自我保護，就會啟動「投射」的心理防禦機制。舉個例子，有一次我在網路上發了篇文章，其中談到了一些和性有關的話題。一位女性讀者就留言給我，大意是：「我印象中的妳應該是優雅、知性、友善的，而不是會在公開場合說出『做愛』這種粗俗的字眼。」

總之，這位讀者表示對我非常失望，並決定取消追蹤。

顯然在她眼裡，我是「分裂」的：既有溫和美麗的一面，又有粗俗醜陋的一面。一開始她將我當成「知心人」，覺得我身上充滿天使的光輝，這叫「理想化投射」，代表了一個人理想自我的一部分；直到看見我在文章中使用了「做愛」這樣的詞彙，她又覺得我粗俗不堪，這叫「負向性投射」，它代表了一個人不能接納的自我部分。

這位讀者之所以對我失望，是因為她自己把性看作一件羞恥、不能公開討論的事情，我的文章正好勾起了她內心對性的羞恥感，於是她將這種感受投射給了我，以此進行自我保護：確保自己是「好的」「優雅的」。

我們常在人際關係中接收到來自別人的負向性投射，並由此產生強烈的挫敗感。有的人在接收到這樣的投射後，會選擇向對方或者向這段關係發起攻擊，而結局只能是兩敗俱傷。

我的朋友小紅，在大家眼中屬於聰明能幹的獨立女性典範。但在她老公眼裡，她卻是一個懶散且沒什麼主見的人。

同樣一個人，為什麼會得到兩種完全相悖的評價？

小紅難以接受老公對自己的評價，為此也曾和老公爭得面紅耳赤，說自己不是那樣的人，但老公對她的貶低始終沒有停止。結果可想而知，原本勤於家務、事事關心的小紅，在家裡開始選擇「躺平」，真的滿足了老公對自己的「期待」。

為什麼她勤勞能幹的特質，無法得到老公的認同呢？

原來，在這段婚姻關係裡，她很早就覺察到老公的工作能力不是很強，其他各方面也不是很優秀，於是潛意識裡就有了很多對老公的不滿。儘管這些不滿她從來沒有說出口，但時間久了，這種情緒還是在不自覺的狀況下無意識地顯露了出來。

老公漸漸覺察到自己在小紅眼裡是個沒價值的人，於是選擇發起攻擊，透過投射的方式「剝奪」了小紅的價值。

在以上案例中，你可以清楚地看到，在人際關係中的一方首先使用了攻擊，而另一方為了「自保」，選擇了用投射的方式來進行回擊。

這世上，每個人都是獨一無二的存在。

除了先天基因不同，我們還擁有不同的原生家庭和成長經歷，這些都造就了我們後來的樣子。

不要再輕易地去主觀認定「我懂你」了，真正的懂，是建立在深度的理解和接納之上的。比起讓人懶得吐槽的「別裝了，我懂你」，一句坦誠的「我確實不懂，但我願意慢慢了解你」，往往能瞬間拉近雙方的關係。

很多時候，承認不懂，是對雙方關係最大的尊重。

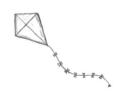

婚姻中，到底要不要看伴侶的手機

問你一個嚴肅的問題：對自己朝夕相處的伴侶，你到底了解多少？

我猜很多人看到這樣的問題，都會信誓旦旦地表示，自己非常了解另一半，就連對方心裡想什麼都一清二楚。

然而，事實可能會讓你跌破眼鏡。

義大利電影《完美陌生人》講了這樣一個故事：一個月蝕之夜，由三對夫妻和一位未婚宅男組成的七人好友團，相約在其中一對夫妻洛克和伊娃的家中聚會。

正常的好友聚會，大家一般都是聊八卦、閒扯淡，愉快地消磨時間。這七個人的聚會，卻不按常理出牌。女主人伊娃提議，大家一起玩一個「危險遊戲」：所有人都將手機放在桌子上，無論是誰，接下來收到的每一則訊息，都請公開內容，和大家分享。

這時伊娃的老公洛克提出了反對意見，表示自己不會參與這個遊戲，因為「人與人之間的關係是非常脆弱的」。

看到這裡，你不妨問問自己：倘若我是其中一員，會願意玩這個遊戲嗎？

我想大多數人都會遲疑，因為每個人的內心都藏著一些不太願意讓別人知道的祕密。這些祕密未必和出軌、背叛等破壞親密關係的內容有關，而僅僅是我們不想展示給別人的一部分自我。

在這部電影中，一開始表示拒絕參與遊戲的男主人洛克，最後也在大家的慫恿下參與了遊戲。隨著遊戲的進行，朋友們發現了洛克的秘密：原來洛克一直在進行心理治療。奇怪的是，伊娃本身就是一名心理諮詢師，但她對丈夫正在進行心理治療的事情竟然毫不知情。

接受心理治療是一件多麼不道德的事情嗎？當然不是。但是對洛克而言，那一部分自我是他不願和人分享的，哪怕是自己的妻子。

心理學認為，人在親密關係中有兩種恐懼，一種是被拋棄的恐懼，另一種是被吞沒的恐懼。

男女之間建立夫妻關係，要經歷打破彼此界限、互相融入的過程。

在此過程中，我們為了防止自己產生被吞沒的恐懼，就會用各種方式為自己創造一些私密的心理空間。

例如你總是在網路上為某個欣賞的異性按讚，你會定期悄悄地給父母寄一筆錢，習慣找某個知心朋友聊聊心裡話……很多類似的情況，為了避免一些無謂的誤解和爭執，你都不想讓伴侶知道。這當然無關背叛，而只象徵著你有權利「做自己」。

所以，一個人在想要查看伴侶手機的時候，其實是在試圖侵占對方私密的心理空間，剝奪對方「做自己」的權利。

哪怕對方表面上沒有表現出不悅，其內心也一定會有被侵占、被剝奪的糟糕體驗，這只會在更加破壞彼此的親密關係。

我們再看看這部電影。在這個七人好友團裡，唯一沒有攜帶伴侶的佩普，一直被另外三對夫妻吐槽：為什麼遲遲都不帶你的女朋友給我們看看？你好自私啊，光想留著美女自己欣賞是不是？

面對朋友們的吐槽，佩普顯得面露難色，然後找各種自己女朋友不能出現的藉口。可是當遊戲進行到一半的時候，有男性打電話進來，說想念他。於是佩普是同性戀的秘密再也藏不住了。

佩普的秘密暴露後，現場氣氛略顯尷尬，身為從小到大的玩伴，另外三位男士竟然都不知道佩普的性傾向。

那麼，佩普在過去為什麼不和朋友們坦白自己的祕密，反而編造謊言隱瞞自己的性傾向呢？

因為害怕。也許害怕別人異樣的眼光，也許害怕得不到朋友們的理解，也許害怕自己和這個世界上的大多數人不一樣……事實上，很多人的內心都有一部分自我——脆弱的、自卑的、渺小的自我——是害怕被別人看見的。他們不想自己堅強、自信的形象被打破，想繼續被人認可、接納和讚美，所以選擇自己去處理那部分的負面感受。

隨著劇情的推進，我們發現除了洛克和佩普，其他幾個人的祕密簡直讓人下巴掉了下來：伊娃和丈夫的朋友凱西莫在偷情；凱西莫不僅和伊娃有染，且另有情婦；另外一對夫妻萊勒和卡洛塔，各自都有曖昧的對象。也就是說，三組婚姻關係，每一組都千瘡百孔。

有評論說這部電影不適合未婚人士看，它會摧毀很多人對婚姻的美好想像。

在現實生活中，很多人發現伴侶對自己不用心，或者對家庭不關心的時候，都會心生疑慮，想要偷看對方的手機。婚姻中，到底要不要看伴侶的手機？你想過沒，你偷看的目的是什麼呢？是為了證明對方已有新歡？還是只為確保自己心安？

無論出於什麼目的，你看對方手機，都無法幫助你真正解決婚姻中出現的問題，反而會侵占對方的私密的心理空間，對你們之間的親密關係造成傷害。**因為關係再親密的愛人，也有互相保留一部分自我的權利。**

誰都渴望如膠似漆的感情，但現實中的愛情，保持一點距離感才更美好。

第四章

關係真相

好的關係不是不吵架，
也不是總吵架，
而是能夠正確地吵架。
學會正確地吵架，
我們都能在親密關係裡成為更好的自己。

如何正確地吵架

曉瑩最近很糾結，不知道該不該提出辭呈。

長時間下來，她總覺得自己和上司的意見不合，導致內心充滿壓力。

開會時，每當發現自己和上司有不同意見，曉瑩很難據理力爭，而是選擇退縮，壓抑自己的真實想法。她說：「我實在懶得和他們溝通。」

實際上她不是「懶得溝通」，而是「不敢溝通」。童年打了敗仗，一生都在潰逃。一個人在童年時期受過的創傷，深深地影響著她往後的人生。

曉瑩成長於一個充滿了衝突的家庭，有記憶以來，父母似乎每天都在爭吵。她見識了父母之間太多的肢體暴力，印象最深的一次，是母親的頭被父親毆打流血，送到醫院縫了七八針。

試想一下，對於一個孩子來說，這樣激烈的家庭衝突意味著什麼？巨大的恐懼。這種恐懼的感覺很早就被記錄在曉瑩的潛意識裡。在這種氛圍下成長的孩子，為了擺脫恐懼，便會啟動逃跑的本能。

於是長大後的曉瑩，只要有衝突出現，她的潛意識就會下達指令，催促自己趕緊逃離。「和上司意見不合」，在她看來就是一種潛在的衝突，因此她選擇了逃離。

現實生活中，我們常常會遇到這樣的人：他們在外面從來不和別人爭吵，在家裡也常常迴避一切衝突。

從表面上看，是因為性格溫良寬厚，但實際上，是因為缺乏足夠多的心理空間去容納衝突。

在他們看來，衝突意味著災難，甚至毀滅。

心理上無法容納衝突的人，也很難真正擁有親密關係。因為親密關係的建立，就是兩個人打破彼此界限、互相融合的過程。經過衝突和調整，兩個原本獨立的圓既有了重疊的部分，又保留了各自獨特的部分。

一個人選擇迴避衝突，就是選擇了關上自己的心門，拒絕別人走進自己的內心，自然也就無法同他人建立真正的親密關係。

親密關係中的吵架，從表面上看是由於觀點不同引發的衝突，但從心理學的角度看，每一次爭吵都隱含了很多深層的心理活動。

一、「請你看見我的存在」

親密關係是母嬰關係的一種延續。親密關係中的雙方，於對方而言，彼此都有著非比尋常的意義，其中最重要的一點是「因為你，我變成了非常美好的存在」，個體的價值感和生命的意義感都在這種親密關係上得以構建。

這種親密關係一旦遭到外界的威脅，就可能會帶來衝突，而這種衝突是在表達：你對我是如此的重要，如果你不愛我了，那我的生命就沒有了意義。

二、「請你看見我的需求」

親密關係之所以能夠建立，是因為彼此對對方都有愛的需求，並且都能滿足對方。當這種需求不平衡的時候，就容易發生衝突。而這種衝突是在表達：請你看見我的需求，並照顧我的需求。

許多家庭夫妻都有分工，越是分工明確的家庭爭吵越多，妻子常常抱怨丈夫不做家務，丈夫則總是指責妻子連孩子都帶不好等等。實際上，夫妻雙方都是在透過爭吵表達自己的需求，都渴望對方能夠滿足自己「被理解」的需求。

三、「我想和你親近」

在親密關係裡，吵架意味著打開彼此的邊界，釋放真實的自我。

如果在吵架的過程中，真實的自我被對方接納，彼此之間的感情就會升溫；反之，如果不被接納，不被接納的一方就會有受傷的感覺。總之，吵架這一行為，就是在表達我們潛意識裡想和對方親近的渴望。

生活中我們總能見到一些人會以「找碴」的方式，向伴侶尋找吵架的機會，例如常常問對方「你到底愛不愛我」，常常向對方說「我真的討厭你，再也不想理你了」。這些表達的背後，真實的含義都是：我想和你親近。

在親密關係裡，雙方能吵架、敢吵架，說明兩人都有容納衝突的能力，也都有和對方親近的強烈渴望，這樣的關係模式才是健康的。

當然，我並不鼓勵衝突，只是想讓大家看到衝突的積極意義。但不可否認的是，頻繁的、失控的衝突，的確會讓親密關係變得更糟。

因此，**如何正確地面對衝突**，就成了每個人經營親密關係不可或缺的智慧。

首先不要逃避衝突。很多人無法正面衝突，是因為內心給衝突預設了一種結果，那就是「衝突會帶來毀滅性的災難」。一個人如果知道生活中衝突的普遍性、背後的積極意義，就會卸下恐懼，不再退卻和逃避。

其次，拓寬心理空間，也就是提高自己的心理包容度。注意，這並非鼓勵你隱忍、壓抑自我，而是讓你摒棄「受害者思維」，不要總是把衝突視為對自己的傷害，而是認清衝突不過是一種自我表達的方式。最重要的就是接納別人與自己的不同，包括意見和想法等等，不必互相說服，只需彼此尊重。

最後，要學會正向表達，指的是我們的語言和內心真實的想法保持一致。我們常常見到的情況是明明很在乎對方，吵架的時候偏偏要說：「你走吧，走得越遠越好，永遠都不要再回來！」這種帶有攻擊性的表達，雖然讓你短暫地感受到情緒釋放所帶來的快感，但對於你們的親密關係卻有著巨大的破壞力。

當衝突發生的時候，我們首先要做的是不退卻、不逃避，提醒自己衝突的本質不過是一種自我表達的方式，然後試著去正向地表達自己。

好的關係不是不吵架，也不是總吵架，而是能夠正確地吵架。學會正確地吵架，我們都能在親密關係裡成為更好的自己。

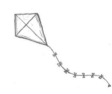

用冷漠逃避愛，也用冷漠渴望愛

真正愛一個人，應該是什麼樣子？

在大多數人看來，愛的表現形式就是親密。「你儂我儂」「朝思暮想」「一日不見，如隔三秋」……這麼多美好的詞彙，都在表明愛是主動、熱情、親密的。

也有一些人，他們關於愛的表達卻是另一個樣子。

他們很難順利地和別人建立親密關係，每當發覺喜歡一個人的時候，總免不了緊張不安，簡直「如臨大敵」，哪怕是給對方發訊息，也表現得猶豫不決，反覆斟酌之後還是無法按下發送鍵，只好放棄。

他們在喜歡的人面前總是表現得特別冷漠，明明內心渴望和對方能夠多有一些接觸，卻常常不明緣由地退縮和迴避，還要假裝自己毫不在意對方，在對方面前刻意表現得雲淡風輕。

別看他們行為笨拙，內心戲卻特別多，總是默念著自己如何地愛著對方，如何地在意、關心對方。可惜的是，所有這些念頭只是放在心裡，他們從不會去主動表達。

這種在親密關係中明明渴望愛，卻又表現得被動、迴避的行為，在心理學上被稱為「迴避型依戀」。

也許你會說，面對自己所愛之人，每個人多少都會有些自卑感，也不全然會主動。確實，在親密關係中表現出適當的迴避屬於非常正常的現象，但如果你的行為是因為喜歡而選擇刻意疏遠，那可能就不僅僅是戀愛中的羞怯感所致的，而要在自己的依戀模式中找到癥結。

「迴避型依戀」的概念來自依戀理論。心理學家透過大量對於母嬰互動的觀察、追蹤、研究、測驗等，發現和歸納出三種截然不同的母嬰依戀模式，迴避型依戀便是其中一種。

迴避型依戀模式，指的是嬰兒對母親的在場或離開表現出「不在意」和「無動於衷」，他們沉浸在自己的世界裡，尤其是當離開的母親重新回來時，他們會表現出明顯的迴避。在我們看來，他們似乎平靜地放棄了和母親情感上的聯結，可是透過對他們當下情境心跳率和皮質醇的測量，其資料明顯高於安全型依戀的嬰兒。也就是說，他們著更高程度的焦慮指數和壓力狀態。

心理動力學借用和拓展了這一概念，以此描述一類在親密關係中表現出同樣依戀特徵的人，稱之為迴避型依戀者。

人類對「親密」有著天然的渴望，溫暖的觸摸、熱情的擁抱都能帶給我們心理上的安全感和滿足感。

研究顯示經常獲得擁抱和撫摸，可以幫助我們有效緩解壓力，提升幸福感。

既然如此，為什麼還會有人用假裝冷漠的方式迴避親密關係呢？

當我們還是嬰兒的時候，如果我們的媽媽或者類似媽媽這個角色的主要養育者，對於我們的需求給予了及時的滿足，那麼我們就得到了需求的正回饋，也就獲得了來自母嬰關係中的安全感和抱持感；反之，如果我們的需求沒有被滿足，而是被忽略了，那麼我們就會覺得自己的需求可能是不合理的，從而壓抑自己，同時給自己貼上「我不夠好」的標籤。

渴望被愛，是人類的本能，可是當我們不被愛的時候，渴望愛就成了一種羞恥。為了避免這種羞恥感，我們就會用假裝毫不在乎的方式，掩藏自己渴望被愛的願望。

我們在生命早期的這種經驗，對我們一生的親密關係影響很大。

一次次被拒絕、被忽視的經驗，會在心裡形成巨大的裂痕，成為不可觸碰的傷疤。長大以後，我們在意識到愛的需求的時候，潛意識裡那種羞恥感也會悄悄出現，如影隨形。

對於安全型依戀者來說，愛意味著信任、讚賞、安全和歸屬；而對於迴避型依戀者來說，愛意味著羞恥、自責、自我懷疑、自我否定。

迴避型依戀者在面對自己所愛的人時，所有不好的感受會連同翻滾的愛意一起湧現，使他們感到忐忑不安，因為他們從來沒有被真正愛過。

一個沒有被真正愛過的人，就會產生「我不夠好」「我很糟糕」的觀念。他們害怕會重複早年那種不被愛的體驗，因而啟動防禦機制——冷漠地迴避。

對於很多迴避型依戀者來說，他們可以擁有很好的友情和很好的職場關係。在社交中的表現讓你難以相信他們是「不太會愛」的人，只有在深入的親密關係中，你才能體會到他們的慌張和冷漠。

這是因為只有在愛的人面前，他們才會反映出「我不夠好」的創傷；只有在愛的人面前，那種潛藏在內心深處的羞恥感和恐懼感才會被喚醒。

在他們心中，愛是渴望，也是毒藥。於是他們一邊渴望愛，一邊迴避愛。

「不被愛」的種子一旦被種下，就會在內心生根發芽，最終長出畸形的果實。

這些果實名稱各異，有的叫「我不值得被愛」，有的叫「我很糟糕」，也有的叫「他是不會愛我的」，還有的叫「我配不上這麼好的東西」等等。

這些果實最大的毒害就是讓我們感到自卑、羞恥、虛弱，並且深信這樣糟糕的自己無法讓別人真正地接納。

我們因為不相信真實的自己會被人接納，所以學會了偽裝。

我們用一個「假自我」來和這個世界周旋：虛張聲勢、假裝強悍、刻意冷漠、故意迴避、藐視世間的一切。以為這樣做，就會有人愛我們。

可是，當真的有人向我們表達愛意的時候，卻猶豫了。因為我們知道，對方愛上的是假的自己啊，真實的自己怎麼會被愛呢？於是倉皇而逃，只因害怕暴露那個真實的自己。

在心理諮詢中，我經常會請諮詢者做一個擁抱自我的遊戲，你也可以試試。

請想像自己手裡拿著很多氣球，來到了一個公園門口。那裡有很多小朋友，他們看見你手裡的氣球，主動地跑過來索取。你很熱情地將氣球分給了他們，這時候發現不遠處有一個小朋友，正在用渴望的眼神看向你，但出於羞怯，不敢走過來。那麼你會怎麼做呢？

我想，你大概會主動走過去，把手裡的氣球分給他一個，順便用手撫摸一下他的頭，或者蹲下去抱抱他。他羞怯，但是你並沒有嫌棄他，而是透過撫摸或擁抱向他表達善意和愛心。

那個羞怯的小朋友，其實就是另一個你自己。

你要相信，真實的自己並沒有那麼糟糕，也值得被愛。潛意識裡那些牢固的關於自我的負面認知，遮罩了這些積極信念，導致你從來不敢展現真實的自己。

學著去展現真實的自己吧，虛張聲勢不會幫你迎來真愛，而殘缺、不完美的真實，才會為你贏得一切。我們只有真實，才會讓「被看見」成為可能；只有「被看見」，才能讓自己體驗到被愛的感覺。

最好的親密關係，不是兩個完美的人結合在一起，而是兩個各自有缺點的人彼此接納，向對方展示真實的自己。

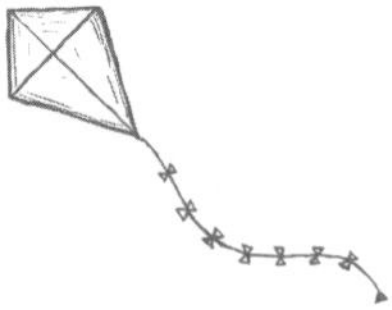

為什麼你無法真實地表達自己

心理學研究顯示，良好的人際關係是人們最重要的幸福感來源。

這句話反過來說，似乎也是成立的：很多人的痛苦，源於人際關係出現的各種問題。

聯結人際關係的是溝通，所以為了解決痛苦，很多人去看各種關於溝通技巧的書，去聽五花八門的情商課，但到頭來人際關係也沒見處理得多好。

大道至簡。很多東西回歸到本質，都是非常簡單、樸素的，溝通亦是如此。

真正有效的溝通方式，沒有那麼多花俏的技巧，只需真實地表達自己。

那麼，在日常和別人的溝通中，你能做到真實地表達自己嗎？

看似沒什麼困難，但實際上很多人都做不到。

不信嗎？來看看下面的例子：

和戀人吵架了，對方憤怒之下摔門而去，你明明內心很擔心對方，卻在群組裡賭氣地輸入一句：「你有本事永遠別回來！」

你明明很喜歡一個人，沒事就瀏覽人家的網路好友，真正見面的時候，卻表現出一副高冷的姿態，彷彿在向對方表示：「我對你毫無興趣。」

明知自己的某些行為傷了朋友的心，很想主動說一句「對不起」，結果脫口而出的卻是：「這件事的責任也不全在我啊！」

有沒有覺得這些場景很熟悉？是不是突然發現，原來真實地表達自己，真的不是一件簡單的事情？

那麼，為什麼很多人無法真實地表達自己呢？

人是具有情感的社會性動物，我們之所以在關係中很難真實地表達自己，本質上是因為害怕被傷害。

為了避免被傷害，我們漸漸習慣了在人際溝通中玩一些自欺欺人的「遊戲」。

第一個遊戲，叫做「高姿態」。

最具畫面感的例子，大概就是我們平時看到的一些所謂高冷的「女神」或「男神」。他們在人際關係中習慣將自己放在高高在上的位置，造成一種距離感和壓迫感，努力營造讓對方仰視的錯覺。

但當你真的走近他們，你會發現他們「高姿態」的外表下，大多藏著一顆玻璃心：別人一句拒絕的話語、一個嘲諷的眼神，就足以擊潰他們的內心。

「高姿態」的背後，實際上是內在自我的虛弱。當虛弱的內在不足以應對外部世界的惡意，他們就給自己套上了一個高冷的外罩，使別人「敬而遠之」。這樣一來，他們就可以暫時擺脫被拒絕、被嘲笑等人際關係中的痛苦體驗了。

事實上，表現為「高姿態」的人，內心同樣對健康的人際關係有著很強烈的渴望，只是礙於易破碎的內心，常常不敢表達自己真實的願望。於是只能在自己的世界裡一直高冷孤獨著。

第二個遊戲，叫做「你錯了」。

我們總能遇見這樣的人：習慣在人際交往中指責、批評他人，先挑對方的毛病，然後給對方貼上一些負面標籤。他們從來不會說自己有什麼不妥，似乎在他們眼中永遠都是別人的錯。

他們或許也明白自己在人際關係中的行事不當之處，但出於維護「我是正確的」完美幻想，於是選擇用指責、批評他人的方式掩蓋自己的過錯。

第三個遊戲，叫做「別廢話」。

「別廢話」，多麼耳熟的三個字！代表了一些人在面對衝突時習慣「見諸行動」。遇到衝突，他們不會心平氣和地和對方溝通，而是直接透過某種激烈的行為方式表達自己的憤怒。例如開會的時候，因為自己的意見沒有被採納，憤然離席；和朋友發生爭執後，立刻在網路上刪除好友……

為什麼就不能好好說話，非要用激烈的行動來表達自己呢？因為他們在潛意識裡害怕面對被拒絕、被拋棄的感受，所以直接透過行動避免這些感受真實地發生。

除了「見諸行動」，還有對他人的憤怒、指責，當然，這些負面情緒也會指向自己，最終傷人又傷己。

上面提到的這三種在人際溝通中常見的「遊戲」，其實均為心理學中所說的「防禦方式」。

透過這些防禦方式，我們確實可以在一定程度上避免自己體驗被拒絕、被拋棄的感受，但與此同時，這些防禦方式也阻礙了我們真實地自我表達。

當我們內心的恐懼、渴望等情感被掩蓋後，我們便很難和他人產生聯結。

為了避免痛苦，我們給自己建造了一個「安全」的島嶼，退縮其中。但這意味著，我們的內心終究只會是荒蕪一片的無人區，很難體驗到生命被照亮的感受。

當我們卸下防禦，選擇真實地表達自己，表達自己的恐懼、渴望、嚮往——是的，我們可能會遭到拒絕和拋棄，體驗到疼痛和哀傷，可是我們也做到了對自我的忠誠，終將贏得人生旅途上的無憾。

在任何關係的溝通中，再多的技巧，再多的花招，都不如真實地表達自己。

真實地表達自己吧！我不管你怎麼想，我也不管你打算怎麼應對我，我只負責忠於自己，表達自己最真摯的情感。

真實地表達自己，是一種「我做了，你隨意」的豪情，意味著我們找回了面對自我的勇氣和魄力。真實，是具有穿透力的。

假如我們能夠坦誠待人，對方即便拒絕擁抱，也會放下手中的刀槍劍戟，以你為鏡，回看自身。

為什麼有的人喜歡「口是心非」

小樂最近非常痛苦，因為剛剛結束了一段自己極其在乎的感情。

她感覺自己腦海裡無時無刻不在浮現著那個男人的樣子。看著手機裡曾經那些親密的聊天記錄，她也會幻想，如果對方這時能回來找自己就好了。

也許你會好奇，既然心裡放不下這段感情，為什麼不去主動聯繫一下對方呢？

在諮詢室裡，我也問了她這個問題。

她的回答是：「絕對不能主動聯繫他，主動就代表我輸了啊！再說了，當初分手也是我先提出來的。」

看到這裡，你也許會更加不解：她心裡放不下對方，當初卻主動結束關係；一邊朝思暮想，一邊卻死都不肯聯繫對方。這不是自相矛盾、自己給自己製造痛苦嗎？

沒錯，小樂的言語和行為與內心真實的想法是截然相反的，這正是她痛苦的根源。

如果留心觀察，你會發現生活中習慣「口是心非」的大有人在。他們總是在各種場合說著「反話」。明明很喜歡一個人，嘴上卻說著一些毫不在乎對方的話；明明內心十分氣憤，卻微笑著說「沒事」；明明認為上司對自己的批評不合理，卻依然連連點頭稱是……為什麼要說「反話」呢？為什麼不能坦坦蕩蕩地表達內心真實的想法呢？若把案例中的小樂當成一面鏡子，相信很多人都能從她身上看見自己。

「口是心非」固然很痛苦，但相較之下，讓他們表達自己內心真實的想法，顯然是一件更要命的事情。

這種「口是心非」的表現，在心理學上被視為一種原始的心理防禦機制。這種防禦機制就叫「否認」。它是指在某些創傷情境下，一個人選擇扭曲自己內心的真實想法和情感，從而逃避心理上的痛苦，或選擇對不愉快的事件進行「否定」，當它沒發生過，以獲取短暫的安慰。

總之，很多人之所以違背自己的內心，說一些假話，只是為了保護自己，不讓別人看見真實的自己。對於他們而言，展現真實的自我不僅是困難的，更是危險的。

小樂對於痛苦的根源是很清楚的，她能夠意識到自己的「口是心非」。

還有一些人，嘴裡常常說著「反話」，卻渾然不覺。諮詢者阿金，一位三十幾歲的男性，他找我進行諮詢的原因，是發現自己常常做什麼事都缺乏熱情，嚴重的時候甚至忍不住進行自我攻擊，覺得自己一無是處。

在回顧原生家庭的時候，阿金首先很肯定地表示，他和父母的關係非常好。然而，在詳細介紹自己童年經歷的時候，我看到的卻是一幅幅充滿了暴力的畫面。阿金平靜地講述著自己多次被母親批評、打罵、責罰的往事。當我問起他對這些過往做何感想時，他回答：「我非常理解母親的良苦用心，她也不容易。」

隨後阿金再次向我表示，他很愛很愛自己的母親。

我毫不懷疑阿金對母親的愛。但是，我也不相信阿金在遭到母親的打罵和責罰時內心會沒有恨意。

他只是選擇了壓抑自己的恨，因為他知道母親養育他付出了很多心血，所以他對母親只能是愛而不該是恨。

阿金的這種行為屬於另外一種心理防禦機制，叫「反向形成」。他將內心的真實感受轉向反面的方式進行表達，用過度表達的愛掩飾自己內心的恨。

這種防禦機制在啟動的時候，當事人往往是無意識的。也就是說，他們很難意識到自己已經違背了內心的真實感受。

對於阿金來說，他對母親的那些憤怒和恨意一直被積壓在潛意識裡。這就意味著，那個不斷責罵和懲罰他的母親的形象從未消失，所以即便母親已經不再懲罰他了，他也依然無法停止自我攻擊。

有一次和一個朋友聚會，她不無感慨地說：「在溝通方面，我們真的該學學小孩。」有一次她在家輔導小孩寫作業，自己不時地玩著手機。

小孩突然抬頭說道：「媽媽，你看著我，別總是玩手機。」朋友說，在那一刻她突然受到了很大的刺激。孩子希望父母多關心自己，通常會直接用語言表達出來，而且表達得那麼自然、真誠。

成年人在表達自己需求的時候，卻總是自設重重阻礙，無法做到「一致性溝通」。就是我們在與別人進行溝通的時候，傳遞的資訊與自己內在的感受是一致的。

表達時做到「一致性溝通」，我們就能更好地建立與真實的自我、他人以及情境之間的和諧關係。所以，**請別再用「口是心非」的方式來掩藏真實的自己了，坦誠地面對自己的渴望，然後像個孩子一樣，理直氣壯地把它說出來。**

你的前任我的傷：如何克服回溯型嫉妒

傑夫和妻子凱特的四十五週年結婚紀念日即將到來，而此時傑夫收到一封來信，信中提到他五十年前在阿爾卑斯山因意外喪生女友的遺體被找到了。

這封信的出現，讓兩個人原本和諧美滿的婚姻開始變得暗潮洶湧。

傑夫和凱特聊起當年女友喪生的事情，雖然說得很平靜，但凱特明顯感覺到了傑夫對前女友的在意。

而且在聊天的過程中，她驚訝地發現，傑夫前女友出事的那一年，正好是自己的母親過世同一年。兩人前後經歷了各自人生中如此重大的變故，但在四十五年的婚姻裡，他們卻從沒向對方提起過！

想到這裡，凱特心裡很不是滋味：兩個至親至愛的人，竟然從來沒有和對方分享過自己內心的傷痛，這份四十五年的愛是真的嗎？

凱特一直覺得，自己的婚姻還算幸福。可是當這些祕密逐漸浮出水面，她發現自己並不了解眼前的伴侶。而這份不了解，隨著傑夫表現出的一系列異常行為，變得更加明確：本來說好參加朋友聚會，他突然決定不去了；和自己做完愛，居然半夜偷偷跑到小閣樓裡回憶往昔；不願早起陪自己遛狗，卻一個人跑到旅行社詢問去瑞士的行程，只為看一眼前女友的遺體。

傑夫的種種變化，讓凱特滋生出一種難以言說的情緒。她一邊質疑現在的婚姻，一邊瘋狂地嫉妒丈夫死去的前女友……

以上情節，出現在電影《四十五年》裡。

很多人表示，在這部電影中看到了自身的處境。

確實，有的伴侶總是因為某一方的前任而引發無休止的爭吵。細究起來，爭吵的原因大多是嫉妒。

嫉妒伴侶的前任，在心理學上叫做「回溯型嫉妒」。人為什麼會產生嫉妒心理呢？

我們在小時候都有過類似的體驗：如果母親當著自己的面去抱其他小孩，就會十分嫉妒。之所以會產生這樣的心理，是因為對於小時候的我們來說，母親意味著全世界，我們所有的安全感都來自和母親的關係。我們內心渴望成為母親生命中最重要的那個人，否則就會覺得受到了威脅，失去歸屬感、安全感，這就是心理學中所說的「母嬰依戀關係」。

我們一生都在尋求這種依戀，而伴侶關係可以視為母嬰關係的一種延續。因此，就像小時候渴望母親的愛一樣，我們渴望自己能夠成為伴侶生命中最重要的人，和對方建立深刻的聯結，從而讓自己找到新的歸屬感。

一旦伴侶表現出對前任的懷念，我們就會產生這樣的想法：「我不是你生命中最重要的那個人。」

電影中，凱特在自家的閣樓裡，找到了丈夫和他前女友過往的紀錄。

傑夫珍藏的日記本裡，記錄著他和前女友戀愛的點滴。傑夫還保存了幻燈片，裡面都是前女友的照片。其中一張，凱特看完後整個人都僵住了：丈夫的前女友赫然挺著孕肚！而這些事情傑夫從來沒有向自己透露過。

閣樓上的這些發現，讓凱特深深地懷疑，自己經營了四十五年的婚姻，到底是不是一個謊言？她聯結自己的現實處境，越來越多的猜疑和聯想接踵而至，以至於讓自己陷入了「回溯型嫉妒」的泥沼。

一般而言，回溯型嫉妒可以分為兩種情況。

一種情況是自身透過聯想創造出來的，與真相無關的嫉妒。像是有些喜歡小題大做的女生，她們的嫉妒情緒往往來自自己的「腦補」，一旦發現男友還有前任的帳號，就會覺得在男友心裡，一定是前任比自己更重要，只要對方提起前任，就覺得他對自己不忠。

另一種情況，是伴侶真的難以割捨前任，造成對方內心的不安。就像電影《四十五年》裡的男主角傑夫，他沉湎於那段已逝的美好愛情，難以自拔，導致現在的妻子陷入羞憤和嫉恨，從而深深地傷害了他們的婚姻關係。

如果「前任」確實影響了親密關係，我們需要做的是，在和伴侶的溝通過程中表明自己的原則和底線。

我曾在網上看到有位女性網友訴苦，說她老公放不下前任，而自己一直默默隱忍著，承受了太多的委屈和憤恨，心態接近崩潰。

前任是老公的初戀，在兩人分手後沒多久就病逝了。老公覺得前任出身於單親家庭，短暫的一生沒有得到別人足夠的關愛，出於同情和緬懷，每年都會去給她掃墓。

在這個案例中，身為妻子她可以明確地向老公指出，自己對他給前任掃墓這件事非常介意，並且希望他今後停止這樣的行為。

我們不要害怕夫妻間可能引發的衝突。在表明自己的原則和底線之後，如果對方還是忘不掉前任，你就可以考慮和對方分手了。因為一味忍讓的關係，要麼無法長久，要麼只會讓自己忍出一身病。

當然，我相信生活中大多數人還是希望處理好和前任的關係，從而保護好自己的家庭。

因此，在面對來自伴侶前任的「威脅」時，我們不妨選擇以下這些做法，讓親密關係得以修復，甚至變得更加穩固。

首先試以開放式的心態，和伴侶一起聊一聊他（她）的前任。

每個人的經歷都參與了其自身的塑造。和伴侶聊他（她）的前任，實際上聊的是伴侶的經歷，而這將幫助你進一步了解伴侶。

其次，做好當下的陪伴。

人對曾經錯過的美好，普遍都有一種留戀。在理解了這一點之後，我們更要相信，和空虛的懷念比起來，當下的陪伴才是真實的人生，也更有意義。

弗洛姆在他著名的《愛的藝術》一書中寫道：「成熟的愛是因為我愛你，所以我需要你；而不成熟的愛是因為我需要你，所以我愛你。」

成熟的愛是接納，包括接納對方的過往。

當我們真正用「愛」，而不是「占有」，去和伴侶聯結的時候，我們便走出了回溯型嫉妒的泥沼。

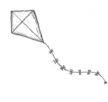

為什麼你總是覺得別人「話中有話」

生活中有這類人：他們總能在別人的表達裡，聽出「影射」自己的言外之意。例如別人說自己童年多麼多麼幸福，他們會覺得對方是在嘲笑自己有個糟糕的原生家庭；別人說喜歡每天下班去做瑜伽，他們會覺得對方是在指責自己不夠自律；別人誇讚某某善解人意，他們會覺得對方意在批評自己共感能力不足……

為什麼這些人總是覺得別人「話中有話」呢？

小葉每週都會在固定時間找我諮詢一次。上次諮詢中，小葉和我提及她和婆婆之間發生的衝突。

有天晚上小葉去廚房拿東西，因為沒開燈，不小心將鹽罐打翻了。原本很小的一件事，小葉也不以為意，把地板收拾乾淨後就回房睡覺。過了一會，小葉的丈夫起身上廁所也沒有開燈，這時另外一個屋裡傳來婆婆的聲音：「怎麼不開燈啊？小心別絆倒了。」

婆婆的這句話觸動了小葉的神經，她認為婆婆話中有話，是在指責自己打破了鹽罐。因為按捺不住內心的憤怒，她衝出去和婆婆吵了起來……

諮詢的過程中，她一直重複說：「我又不是故意要打破的，她為什麼說我？」

小葉的這份憤怒對我來說並不陌生，不僅僅是對自己的婆婆，在之前數次的諮詢中，她都表達過類似的憤怒——對上司、同事、朋友、丈夫都是如此。

好像上司給她一些工作上的建議，她覺得上司是在表達對自己的輕視；朋友推薦好的心理學書籍給她，她覺得對方是在嘲笑自己有心理疾病。

憤怒的背後是恐懼。當小葉在我面前怒氣衝天的時候，我知道她內心的小女孩正蜷縮在一角，對自己的不被接納有著深深的恐懼。

在心理學上，她這種總是覺得別人「話中有話」的表現，叫做「防禦性傾聽」。

很多人在接收資訊的時候，首先會在內心樹起一道屏障，防禦來自他人的攻擊，以保護自己不受傷害。換句話說，他們在和別人溝通的過程中，容易偏離溝通的內容本身，習慣從對方的言語中搜尋「惡意」。

習慣防禦性傾聽的人，在回應別人時往往在開口之前，便有一番異常豐富的心理小劇場：

「你這哪是在說別人？分明就是在影射我！」

「你憑什麼指桑罵槐？」

「你是在故意挑釁我嗎？」

一連串的心理小劇場之後，只等對方話音一落，他們就急著去發動攻擊，結果搞得對方一頭霧水：「我完全沒有這個意思啊！」

習慣防禦性傾聽的人，在與人溝通的過程中，總是不自覺地自導自演一場受迫害的苦情戲。

究其原因，在於他們在成長的過程中早已習慣了自我攻擊，被「我不夠好」的信念牢牢捆綁住了。一旦從外界捕捉到疑似對自己的批評、否定或質疑，他們就會立刻變得風聲鶴唳。這些子虛烏有的資訊，喚醒了他們內在消極的核心信念，以為全世界都在挑剔、嫌棄自己，於是他們選擇用防禦的姿態來確保自己的安全。

遺憾的是，這種防禦不僅讓他們受困於各種各樣的負面情緒，還總在不經意間對他們和別人的關係造成巨大傷害，從而影響了自身的心理健康和個人發展。

事實上，每個人都有表達自己的權利。

習慣防禦性傾聽的人必須明白一點，**在與人溝通的過程中，如果發現自己無法認同別人的觀點，或者別人對你的觀點提出質疑，都不能說明別人對你的全面否定，而只意味著你們針對某一具體問題理解不同罷了。**

你要試著卸下自己的防禦，平靜、溫和地和對方進行溝通。

假如上司對你說：「這件事，你和小郭一起完成吧。」這時候如果你選擇防禦性傾聽，就容易將上司的意思曲解為：「自己工作能力不夠，需要小郭幫忙。」請務必擦掉自己「腦補」出來的畫面，然後可以這樣回答他：「我覺得我自己一個人也可以完成，您能讓我試試嗎？」

習慣自我攻擊的人，本質上是不相信任何人的，所以才會把全世界都樹為自己的「假想敵」。

因此，他們要改變自己防禦性傾聽的狀態，最重要的就是要學會相信別人，相信別人並不想傷害自己，相信別人對自己沒有那麼大的偏見，相信別人也看到了自己的優點。

這個世界並非如你假想的那樣不懷好意，就像美劇《破產姐妹花》裡那句臺詞說的一樣：「有時候你以為天要塌下來了，其實是你自己站歪了。」

讓你受困的不是冷暴力，而是心智化不足

一位讀者問我：「最近在和老公冷戰，我一直受壞情緒影響，如何才能走出困境？」這問題反映了當下很多人的境遇，就是在兩性關係中遭遇了冷暴力，從而被各種負面情緒搞得筋疲力盡、絕望至極。

事實上，讓很多人受困的並非冷戰本身，他們沉浸在負面情緒中的真正原因是心智化不足。

所謂「冷戰」，就是指「有話不能好好說」，它的本質是迴避語言溝通。

那麼，一個人為什麼要發起冷戰呢？

用精神分析理論來解釋，一個習慣發起冷戰的人，他的心理年齡可能還停留在口腔期，也就是零到一歲的階段。

在口腔期階段，如果孩子的需求沒有得到母親及時的回饋，就會產生一系列的負面情緒：憤怒、難過、委屈等等。但由於不會使用語言，所以孩子只能用身體來表達。長此以往，其心理年齡就會滯留在口腔期，即便長大後，他在語言溝通方面也會存在很多障礙。他不善於表達內心的情感，總是希望自己什麼都不用說，對方也能夠懂自己。

當然，現實狀況往往要比理論複雜得多，簡單一個「口腔期」的歸因，並不能解釋所有的冷暴力現象。例如有些人在社交中很擅長溝通，偏偏只對自己的另一半施加冷暴力。

那麼，冷暴力到底是怎麼回事？

冷暴力，其實是一種表達的方式。

大多數冷暴力所表達的內容，無非以下三種：

一、表達迴避

小時候總是遭受父母批評的孩子，長大後更害怕承認「我錯了」。每當外界有類似指責自己的資訊出現，他們就會選擇以沉默、漠視或疏遠的方式進行迴避。

還有一種情況，有些人由於在早年沒有和養育者建立良好的依戀關係，導致極端缺乏安全感。對於他們而言，「愛」往往意味著「被傷害」。於是在長大後的親密關係裡，他們習慣了用冷暴力的方式和對方溝通，以此迴避內在的心理創傷。

二、表達懲罰

除了表達迴避，還有的人喜歡用冷暴力的方式表達懲罰。他們的潛臺詞是：「你惹我不高興了，我現在要用不理你的方式來懲罰你。」自戀型人格障礙者便是這類人中的典型代表。

自戀型人格障礙者總是以自我為中心，缺乏一定的同理心。在他們看來，除了自己，外界所有人都是工具一般的存在，為的就是滿足他們的自戀心理。他們使用冷暴力，本質是其自戀的表達。

順便提一句，遭遇自戀型人格障礙者的冷暴力，很多人會忍不住反思「我哪裡做錯了」，這是缺乏邊界意識的表現。一個邊界感不清晰、自我核心不夠強大的人，很容易被他人操控。

三、表達拒絕

還有一些人，會用冷暴力的方式表達拒絕，像是不回訊息、不正面溝通等等。在親密關係中，施加冷暴力的一方，很多時候是在用冷暴力向對方表示某種意思，如「我不喜歡你了」「我不想和你在一起」「別來煩我」等等。

面對這種表達拒絕的冷暴力，很多人會困於「未完成情結」而不斷和對方糾纏，深受精神上的折磨。

遭遇冷暴力的人，能否走出困境，往往取決於其自身的心智化水準。

何為「心智化」？簡單講就是理解自己和他人行為背後的心理狀態的能力。

面對冷暴力，一個心智化水準高的人會進行理智的思考：「對方為什麼要和自己冷戰？」「問題的關鍵到底是什麼？」「對方有什麼樣的情緒？」「自己是否也有哪些地方做得不對？」……

思考之餘，他再去尋找能夠確實解決問題的方法。

而心智化不足的人，在面對冷暴力的時候，總是輕易地讓自己捲入負面情緒裡。他們的內心充滿了委屈、憤恨及不解：「你讓我覺得自己很糟糕！」「你為什麼要這樣對我？」「你一定是不愛我了！」……

這些感受讓他們忘記了審視問題的真相，反而喚起了內心深處的恐懼。為了保護自己，他們就會去指責、攻擊對方，從而進一步加劇冷戰。

我們若想從冷暴力中脫困，就需要提高自己的心智化水準。

當然，這件事不可能一蹴而就，而是需要你嘗試從小處著手，做出改變，一點點提高。

如果下次遭遇冷暴力，你不妨按照以下幾個方法調整自己。

首先，讓自己冷靜下來。真正讓你陷入負面情緒的不是對方，而是內心那個「我不夠好」的消極信念，對方的冷暴力只是觸碰這一信念的「開關」。一味地向對方發起攻擊，最終只會搞得兩敗俱傷。記住，你需要做的不是發飆，而是深呼吸，讓自己保持冷靜，並進行自我暗示：「對方的冷暴力無法傷害我。」

其次，看見對方。冷暴力也是一種表達，不管它表達的內容是什麼，這背後都藏著一個真實的人。你需要讓自己的視線穿過冷暴力的表象，看見藏在後面的那個人，看見他的情緒、感受和需求。

需要強調的是，我並不宣導遭遇冷暴力的一方去無條件地理解和接納對方，而是表明「看見對方」實在是一個人提升心智化水準的必要功課。當然，在看見對方的同時，你也需要看見自己——看見自己的真實需求。

最後，也是最重要的一點：**以需求和目標為導向，不帶情緒地同對方進行溝通。**在看見彼此之後，想想自己到底要什麼，這段關係是該繼續維持，還是該果斷放棄？圍繞你自己的需求，平和溝通，再做出選擇。

常常讓你飽受摧殘的，剛好是你對待冷暴力的態度，而非冷暴力本身。

提高了自己的心智化水準，冷暴力就再也無法傷害你。

第五章

自我重塑

我讚賞那些在痛苦中激發勇氣並實現絕地反擊的人，他們是鬥士；
我也讚賞那些能夠對人生難題說「算了吧」的人，他們是智者。
不畏困難固然可貴，我也認同每個人都需要「做吧」的勇氣，
但當遇到無解的難題時，還有比「算了吧」更好的解答方式嗎？

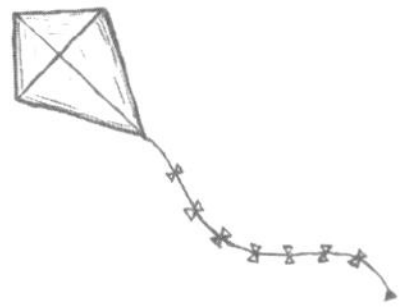

擁有「普通力」，才能成為人生王者

一個天生跛足，智商只有七十五，被正常學校拒收，從小就被同學欺負的小男孩，將來會擁有怎樣的人生？

按照一般人的想像，他就算拚盡全力，也只能很艱難地活下去。

但這個男孩後來成為桌球明星、戰爭英雄、外交使者，甚至成為億萬富翁。

相信你已經猜到了，我說的正是電影《阿甘正傳》裡的男主角阿甘。

第一次看《阿甘正傳》的時候，我還在讀大學，依稀記得當時看完後略感失望：一個跛腳小男孩不斷奔跑的簡單故事，為何會成為大家心中的經典？

直到十多年後，再回頭看這部電影，才理解了簡單故事裡所蘊含的深意：我們每個人又何嘗不是阿甘？大家帶著各自天生的缺陷，經歷著後天的種種磨難。只是並非每個人最終都能成為阿甘，因為不是每個人都能淡然地面對起伏的人生，利用一技之長將人生推向高峰。

阿甘的成功，在於以平凡的自己，創造了不平凡的人生。這種能力，我們稱之為「普通力」。

智商只有七十五，小阿甘無疑智商不高。許多其他小孩都懂的問題，他卻無法理解。到了上小學的年紀，因為他智商測試沒過，所以學校拒絕收他，並建議阿甘的母親送他去專為智力不足的孩子設置的特殊學校。

這樣的現實，換作其他父母，可能就選擇妥協認命了，但阿甘的母親據理力爭，最終為兒子爭取到了就讀普通學校的資格。母親從沒放棄這個有缺陷的兒子，常常對兒子說：「你要記住，你和其他孩子沒有任何不同。」

電影中的這段劇情，讓我想起前幾年的一則新聞。二〇一七年，華東理工大學的畢業典禮上，先天失聰的高羽燁代表畢業生發言，她說：「我是一名聾人，我的發音有點不標準，但我會努力說好每一個字，請大家諒解。」

高羽燁出生於父母都是聾啞人的家庭，從出生就生活在一個無聲的世界裡，她也遺傳了父母的基因。但奶奶並沒有因此放棄自己的孫女，她拿著認字卡訓練孫女開口說話，並堅持將她送到普通的幼稚園、小學接受教育。皇天不負有心人，這位聾啞女孩後來以優秀的成績考上華東理工大學。

就像阿甘的母親從沒放棄自己的兒子一樣，高羽燁的奶奶也始終堅信自己的孫女「和其他孩子沒有任何不同」。

我們每個人的一生，本質上都是尋求認同的過程。無論是電影裡的阿甘，還是現實中的聾啞女孩高羽燁，他們都在自己最親近的人身上看見了「和別人沒什麼不同」的自己。最終透過內化的方式，形成於自我的認同。

我們不妨試想一下，如果阿甘的母親或高羽燁的奶奶告訴孩子：「你和其他人不一樣，是一個有缺陷的孩子。」孩子又將受到怎樣的影響呢？

我想，他們可能一生都會帶著自卑、羞怯的負面信念，早早便向艱難的人生繳械投降。可是，當「你和其他孩子沒有任何不同」的聲音根植在他們內心深處的時候，他們就看見了更多的可能性：別人可以做到的事，我也可以。

我們之所以常常會在殘酷的生活面前一蹶不振，或許並不是因為困難本身太大，而是因為我們對自己缺乏一份內在的認同和篤定。

一旦「我不行」「我不好」的信念成為我們人生的主宰，無須困難步步相逼，我們自己就會敗下陣來。

那些在苦難面前應對從容的人，都擁有一種「普通力」，他們內在都有一個「我很好」的信念。這種「我很好」不是「我很完美」，而是對自身不完美的包容，是一種「即便有缺陷，但我依然覺得自己可以」的自我認同。

正因擁有了這樣的自我認同，他們在面對困難時才變得雲淡風輕。

電影《阿甘正傳》裡，阿甘生命中還有另外一個極其重要的人，就是珍妮。

小時候，學校裡其他孩子都不願意和阿甘玩，只有珍妮主動和他交朋友，兩個人一起度過了非常愉快的時光。

在被其他孩子欺負的時候，珍妮告訴阿甘：「快跑！阿甘，快跑！」於是，阿甘不但逃脫了同學們的追趕，還徹底擺脫了雙腿上的支架，彷彿獲得了新生，從此成為一個可以自由奔跑且跑得最快的人。

珍妮教會了阿甘奔跑，也讓阿甘體驗到了被愛的感覺。此後的人生中，無論是在球場上，還是在戰場上，阿甘總會想起珍妮的那句「快跑！阿甘，快跑！」所以他總是不停地奔跑，不停地跨越人生中每一個危急關頭。對於阿甘來說，儘管珍妮並沒有時刻都與他在一起，但是在心靈上，她從未遠離過自己。

珍妮從小經歷不幸，在一個單親家庭裡長大，經常受到酗酒的父親的打罵。長大後的珍妮，無法像其他女孩一樣，堅定地相信自己值得被愛，所以她一次又一次地拒絕阿甘。

直到後來，受過多次傷害的珍妮終於回到了阿甘身邊。不過，一夜之後，她便選擇了離開阿甘。

珍妮這一次的離開，讓阿甘深陷於痛苦和迷茫。於是他跟從自己的痛苦和迷茫，開始了漫長的奔跑。

他跑出家門，跑上街頭，跑過了山海，跑遍了美國……三年的時間，除了跑步就是吃飯和睡覺。就這樣，他又多了一個被各大媒體爭相報導的新身分：跑步達人。

直到有一天，他突然停下來，說道：「我真的很累了，我要回家了。」當他說出這句話的時候，因珍妮離開而帶給他的痛苦，也都消解了。

在一生中，每個人都會有痛苦和迷茫的時候，也許突然失業，也許被深愛的人背叛，也許孩子進不了好學校，也許某個重要的人突然離開。在那些人生的至暗時刻，我們就像失去珍妮的阿甘那樣，突然不知道自己該怎麼辦才好。

不過，和選擇奔跑的阿甘相比，我們大多數人在陷入焦慮、憂鬱的負面情緒中時，總是試圖給這些問題尋找一個確定性的答案，並執著於改變它。

但生活中有很多事情本就無法改變，我們要做的只能是接受它的存在，例如接受某人就是不喜歡你，接受付出努力不一定能夠成功，接受孩子就是不愛念書，接受生老病死誰都無法掌控……

很多問題沒有答案，很多事情無法改變。而是否能夠與這個世界的不確定性共舞，取決於一個人是否擁有「普通力」。

「普通力」是一種「那就這樣吧」的高級智慧。這不是什麼都不做，而是在付出努力之後，接納事情本來的樣子，與自己達成和解。

追求確定性是人的一種本能，因為確定性可以提供安全感和掌控感。但這個世界充滿了太多的不確定性，這就需要我們修煉好「那就這樣吧」的智慧，去面對每一個沒有答案的問題。

如何培養「普通力」？就是像阿甘一樣，專注於當下。

雖然智商有缺陷，但阿甘從軍後深受長官喜歡。原因無他——無論是整理床鋪，還是拆卸、安裝武器，阿甘在每一件事情上總能率先完成。

顯然，他憑藉的不是智力，而是做事的專注力。因為能將注意力高度集中於當下，所以阿甘做事的效率比其他人都要高。

再看我們自己，那些常常令我們焦慮不安的都是些什麼事呢？

我們擔心說錯話惹上司不高興，擔心過了三十五歲被公司淘汰，擔心孩子成績不好影響未來發展……當我們的注意力被瓜分時，便無法專注於當下真正應該關心的、更重要的事情。

德國作家埃克哈特·托勒在其《修練當下的力量》一書中，提出了一個叫做「向思維認同」的概念。當一件事情發生的時候，我們會根據經驗或者思維習慣做一個預判，然後讓事情朝自己預判的方向發展。

也就是說，我們之所以常常感到焦慮不安，無法像阿甘一樣在困難面前從容不迫，就是因為我們習慣認同自己的經驗，習慣對未完成的事情做出預判，從而無法做到專注於當下。

那些能從容過活的人，很少預判明天，因為他們深知明天不可知，人生是由無數個當下構成的，所以他們能夠**專注於每一個當下，用力做好那些自己能夠做到的事，而那些無法改變的事情，「那就這樣吧」，只須坦然接受，無須較勁。**

我們常常說，要做一個內心強大的人。

但什麼是強大？老虎的兇猛是強大，但老虎也無法抵禦獵人的獵槍。

真正的強大應該像空氣一樣，無色無味，無形無相，卻無所不包——這大概就是「普通力」的本色。

擁有「普通力」的人，不會被任何困難打倒。阿甘的先天缺陷，無法掣肘他人生之花的綻放。憑藉自己的「普通力」，他擁有了不平凡的人生。

電影《阿甘正傳》讓我想起英國經典小說《魯濱遜漂流記》。

有讀者稱魯濱遜這樣的人為「生活者」——他們身上永遠有一種安穩、從容的氣質，就算流落到荒島無人區，也能在毒蛇猛獸出沒的叢林裡找到自己的生活節奏。

每一個擁有「普通力」的人，才是生活裡真正的王者。

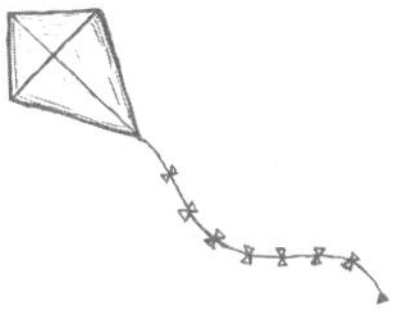

放下「應該」，才是自由

前陣子和一位朋友聊天，儘管他沒有直接表明自己的狀態有多糟糕，但我還是能夠從言語之間察覺到他的不如意。

這位朋友是個聰明人，非常清楚自身的諸多不悅來自何處，只不過他覺得自己沒有力量去改變，或者說沒有意願去改變。

一邊是內心的痛苦，一邊是主觀意志上的退卻，這樣的處境將他推進了痛苦的漩渦。朋友試圖給自己找各種理由去接受這種狀態，像是他會對自己說：「我應該這樣做，才能證明我是一個有責任感的人。」

「我不應該那樣做，否則會給我帶來很大的損失。」所有這些「理由」，都能成為他接受現狀的「論據」。

遺憾的是，儘管找了那麼多「理由」去說服自己，他依舊不快樂。

在日常的工作中，我經常聽到不同諮詢者發出類似的聲音：「我內心應該更加強大一些。」「我不能夠允許自己犯錯。」「我應該做一個完美的媽媽。」……

他們都在努力讓自己成為那個「應該」的樣子，卻一次次敗在殘酷的現實面前：「我明明很努力了啊，為什麼還是做不到？」

面對這樣的諮詢者，我都會問他們一個問題：「是誰要求你應該如何如何呢？」

這時候他們常常一臉懵懂，然後回覆道：「是我自己要求自己的，人得要求自己變得更好，這有錯嗎？」

是啊，變得強大、變得優秀、變得完美，這些對於自我的要求看起來再正常不過了，難道會有什麼問題嗎？

沒錯，這些都是積極的、正向的自我期待，但為什麼在實現這些期待的過程中，你體驗到的不是快樂，而是痛苦？

事實上，在這個世界上，很多東西都會欺騙你，語言會欺騙你，認知會欺騙你，思維也會欺騙你，哪怕真理也有可能被推翻，但唯獨有一樣東西不會欺騙你，那就是你的感受。

最近有位諮詢者在人際關係上出了一些問題，找我求助。

她的問題是：因為性子急，常常在溝通中表現得很強勢，容易出口傷人，甚至引發口角和衝突，導致身邊的同事們都漸漸疏遠了她。

當我問她為什麼一定要用強硬的態度去對待自己的同事時，她回答：「我應該做一個強大的人，這沒什麼錯啊！」

每一個看起來強悍、不好惹的人，其實內心都有別人看不見脆弱的一面。

這位諮詢者對自己的要求和期待是「做一個強大的人」。但在諮詢的過程中，我了解到，這實際上是從小到大父母對她的「要求」。正是這種「要求」，剝奪了她「允許自己脆弱」「渴望變得柔軟」的權利和願望。

除了父母的期待，一些來自社會的「價值要求」，也常常讓我們忽視自己內在的真實需求。

我們所處的社會，似乎也在宣導所謂的「叢林法則」，彷彿強大就是對的，弱小就是錯的，但「叢林法則」完全忽視了人有別於動物的特性：人有感情、有自己的心理需求。我們即便做到了外在的「強大」，也並不能消除內在的脆弱，若一味地按照外界的「要求」處事，就會加劇自己內在的衝突。

期待自己成為某個模樣，這原本沒有問題。問題在於這個期待到底是你自己的本心，還是外界強加給你的？

教你一個鑑別「期待」的方法：對於實現某件事的動機，**如果你覺得是「應該」**，

而不是「我想」，那麼你的「期待」很可能就是外界套在你身上的枷鎖，而非內心真實的渴望。相反地，只有真誠地接近自己的內心，從「我想」出發，才能找回自由、快樂的狀態。

有一篇關於「微信之父」張小龍的報導，文中記錄了他很多「我行我素」的事例，像是不參加早會，不喜歡社交，對某位來視察的大人物避而不見，沉迷於打高爾夫球等等，文字間滿溢著作者對張小龍「我行我素」的極高讚賞。

拋開對成功人物「神話」的因素，假若真實的張小龍真如文中所述，那麼我想他一定是一個快樂的人，因為他的行為沒有被太多的「我應該」所綁架，而是充分遵循了自己內心的意願。

做自己內在感受的虔誠信徒，是一個人最重要的快樂來源。

「新歡」不是人生困境的解藥

每個人也許都有過類似的體驗：

突然發覺自己的人生彷彿走進了一條黑暗的死胡同，看不見一絲光亮，找不到新的出路，可能是一段充滿爭吵的婚姻，也可能是一份讓人絕望的工作……

每當這個時候，我們就會本能地想要尋求突破，例如嘗試換個伴侶、換個環境，以為這樣就可以走出當下的人生困境，但到頭來總是徒勞無功。

前幾天，我看了伍迪．艾倫的電影《命中注定，遇見愛》。這部電影講述了一對老夫妻和女兒遭遇的人生困境，以及他們嘗試解決困境的過程。

七十多歲的老父親，突然憶起青春往事。「英雄」遲暮的現實，讓他感到非常悲傷。於是他開始健身，還試圖找一個年輕貌美的應召女郎，讓自己重振雄風。

老太太逐漸感覺到老伴對自己愛搭不理，後來甚至還提了離婚，這讓她內心頗為受傷，於是去找算命師算命，並深陷其中不可自拔。

女兒嫁給了一位作家，婚姻生活平淡如水，連房租都要靠母親幫忙支付。她開始出去工作，並愛上了自己的老闆，絕望的生活似乎有了一絲光亮。而她的作家丈夫，在寫出一部像樣的作品後，靈感枯竭。直到有一天，他透過窗戶看到了一位性感的女孩，他約女孩共進午餐，並覺得自己找到了新的靈感繆思女神……

看這部電影的時候，我腦海中浮現出了身邊各種熟悉的人。

電影講述的故事與我們真實的生活何其相似：有的朋友覺得每份工作都讓自己絕望，於是不斷跳槽；有朋友覺得婚姻生活乏味無趣，於是下載各種社交軟體，希望遇到真正「對的人」；有的朋友已到中年依舊單身，突然開始相信星盤的力量……

新工作、新愛好、新的戀愛對象……我暫且將此統統稱為「新歡」。

遇到人生困境，我們大多數人都習慣性地以為，逃向「新歡」就能解決問題。

我的一位諮詢者，在工作中常常感到非常痛苦。他覺得上司、同事都在針對他，各種吃力不討好的工作都甩給他做，為此他決定換工作。

我勸他：「也許你可以等一段時間再看看。」他堅定地說：「不行，實在沒法再待下去了，我一定要辭職。」

沒多久他換了一份新工作，但不出所料，去新公司沒多久，他就又想要換工作了。

我見過太多這樣的人，他們辭職只是為了逃避工作中的挫敗感。換一個新的環境，選擇一個「新歡」，能給他們帶來積極的自我暗示，讓他們重獲一種對人生的掌控感。然而，遭遇困境後找「新歡」，只能暫時幫你擺脫內心的負面情緒，並不能真正解決問題。

就像電影中的幾位主角，他們最終也沒有透過「新歡」真正解決自己的困境：老父親因為應召女郎花錢如流水陷入了財務危機；老太太將意識和身體全部託付給算命師，唯命是從，導致自己在人生暮年徹底喪失了自我；女兒莎莉在發現老闆居然和自己的好朋友約會後，豪門夢碎；而那個找到新的靈感繆思女神的作家丈夫，依然寫不出新東西，不得已剽竊了朋友的作品。

「新歡」不但沒有成為他們人生困境的解藥，反而帶來了各種各樣新的麻煩。究其原因，尋找「新歡」乍看是在努力解決問題，其實不過是一種逃避。

一、尋找「新歡」，只為滿足外界的某些期待

我的一位女性朋友，曾經為了能在三十歲前把自己嫁出去，拚命相親。後來她總算如願以償，但婚姻只維持了兩年就草草收場。

前陣子見面，她感慨自己當初真傻，只是因為親戚朋友一個勁地催婚，加上自己所在的圈子有一種論調，認為女人三十歲前一定得結婚，於是她就選擇了盲從。現在想來，結

婚這麼重要的事情，怎麼能有半點含糊呢？

人是一種天然具有社交屬性的動物，渴望被認同是我們每個人的基本需求。有時候我們只是為了滿足外界的期待，便引發了內心的認同焦慮，為了平復這種焦慮，尋找「新歡」是最省力的一種方式。但也因為我們所找到的並非我們真正想要的「新歡」，反而給我們帶來了更大的麻煩。

就像我這位朋友，一心想要在三十歲前把自己嫁出去，火速結了婚。但遺憾的是婚離得也很火速，為了滿足外界的期待，最終讓自己付出了巨大的代價。

二、尋找「新歡」，藉此迴避自己的無力感

人生中有很多問題，是我們無法迴避的，像是生命的老去，和相愛的人分離，付出努力卻沒有得到回報等等。這些殘酷的事實，都讓我們體驗到自身的渺小和無力。

電影中那個七十多歲的老父親，之所以不願承認自己老了，本質上就是在迴避自己人生的無力感和失控感。事實上，不管他願不願意承認，他都老了，應召女郎不會讓他逆齡生長，除了接受老去的事實，其他任何努力都不過是逃避而已。

需要說明的是，我並不認為所有逃避都是不可取的。

例如有人離職的原因是和上司的工作理念不合，經過充分的溝通後，確認彼此在價值取向上存在不可調和的矛盾。這種情況，「換個環境」自然是更好的選擇。

那麼，在什麼樣的情況下，「換個環境」並不能解決問題，最終還是要回歸自我呢？

如果有下面這種情況，可能你需要慎重考慮：發現周圍的人都能和諧相處，只有自己是個另類。

這並不是說我們不能有自己的個性，或者我們一定要與他人保持一致，而是要求我們培養一種開放、平和的社交態度。如果你做不到這一點，就算「換個環境」，也不能讓你變得更開心。

就像前面講到的那位急於換工作的諮詢者一樣，工作中遇到困境，並沒有從自己身上找問題，而是習慣將其歸因於環境，並寄希望於換個環境就能改變人生，結果讓自己陷入了一個惡性循環。

原生家庭最大的詛咒

在大多數人的印象中，演員郝蕾一直都是獨立女性的形象，看起來有一種男孩子氣，幹練、堅韌、氣場十足，其實這一切都和她的原生家庭有關。

許知遠主持的訪談節目《十三邀》，有一次邀請的嘉賓是郝蕾。她在節目中透露，自己生在一個重男輕女的家庭，從小就背負著「必須是個男孩」的信念。因為爺爺去世得早，身為家中長子的父親一心想要個兒子，卻沒能如願，生了個女兒。

於是在成長的過程中，郝蕾一直被當成男孩來養，小小年紀就離家闖蕩，從來沒讓家裡操過心。

談到自己的原生家庭、和父母的關係，郝蕾數次哽咽落淚。因為「必須是個男孩」，因為無人可以依賴，她只能被迫選擇堅強和獨立。

現實生活中，有太多的女性和郝蕾一樣，從小背負著「必須是個男孩」的信念。在我看來，這個信念是來自原生家庭最大的詛咒。

我的一位諮詢者小邊，是個二十七、八歲的女孩。她最初找我的原因，是覺得自己找不到生活的意義——她懷疑自己得憂鬱症了。

她是任職於鄉鎮的公務員，工作穩定，人長得很漂亮。按照一般人的推想，這樣的女孩子應該生活得不錯，但她說自己常常感到莫名的絕望，做什麼事都沒有動力，包括談戀愛，也覺得沒什麼意思。

隨著諮詢的進展，隱藏在水面之下的冰山開始一點點地浮現出來。

她在家裡排行老二，上面有一個哥哥，比自己大三歲。本來兩個孩子中小的那個容易被關愛，但別說偏愛了，就連父母相同態度的照顧，她從小到大都沒體驗過。相反地，她永遠是那個被忽視的孩子：家裡有什麼好吃的，父母從來都是留給哥哥；自己過年沒有新衣服穿，而哥哥不只有新衣服，還有各種新奇的玩具；長大一些後，身邊的同學都有了屬於自己的自行車，父母卻只買給哥哥……

來自父母的這種不公平對待，並沒有停留在童年，即使到了現在，已經快三十歲的小邊，每個月依然要把薪水的一半交給家裡，因為父母要求「幫哥哥賺錢娶媳婦」。

有時候，她不明白自己為什麼被要求一直讓著哥哥，但是每當聽到父母說「因為你是女孩」的時候，她似乎覺得所有的忍讓也都理所應當。

正是這份「理所應當」，讓她不抱怨父母，也不抱怨哥哥，反而埋怨自己：「為什麼我偏偏是個女孩？為什麼我不能是個男孩？」

事實上，小邊的故事絕非個案。

在無數重男輕女的家庭中，女孩們正在承受著和她類似的問題，甚至更為苛刻的命運。

她們有的不被給予任何期待，彷彿人生只有一個使命，那就是結婚生子；有的不被允許讀書，從小就被灌輸「女孩上學沒什麼用」的觀念；有的甚至完全被視為家庭勞力，努力賺錢只為貼補自己的哥哥或弟弟……而這一切，都只因為她們是女孩。

「因為妳是女孩」——這一殘酷的詛咒，像一把沉重的枷鎖，鎖住了無數女孩的生命力。

在諮詢室裡，當她和我歷數自己如何忍讓哥哥，以及父母如何偏愛哥哥的時候說：「我們那裡的傳統就是這樣，所以我一點都不恨他們。」但同時，我看見眼淚正順著她的臉頰止不住地流了下來。

理智告訴自己不該怨恨，但內心的那些委屈、難過、那些因不被父母重視而產生的傷痛，又該如何安放？小邊們只能自己扛著。這些積壓在內心深處的痛苦情緒，最終都會逐漸沉澱在她們的人格裡，並持續發酵，為她們日後漫長的人生鋪上一層灰暗的底色。

這些被原生家庭詛咒過的女孩，從小習慣了被忽略、被區別對待，她們看著男孩們被父母視為珍寶，而自己卻如草芥。

這樣的成長體驗，會使她們產生極低的價值感。她們因為沒有被愛滋養過，內心漸漸地冰封、乾涸、枯萎，從此暗淡無光地活下去。這就是小邊覺得自己做什麼事都沒有動力的深層原因。

當然，也有一部分女孩不信命運、不服輸，她們勇敢地反抗，最終透過不懈的努力，在事業上取得了優秀的成績。

然而，再優秀也改變不了自己是女孩的事實，只要原生家庭的詛咒沒有被破除，她們還是無法真正認同自我價值。

因為自我價值被剝奪，很多女孩在潛意識裡不認同自己的女性特質。她們內心渴望「成為一個男孩」，於是選擇對自我的女性特質進行「閹割」：只會堅強，不懂示弱；愛好競爭，不善合作。這種「雄性競爭」的性格特質，常常讓她們在親密關係中飽受傷害。

她們渴望愛又害怕愛；想尋求依戀，卻處處與人競爭……為了處理內在的分裂和衝突，耗費了大量的心力，導致缺乏更多的精力去建設自己的未來。

儘管原生家庭給每個人寫下了各種各樣不同的劇本，但總有人能夠打破禁錮，重新書寫自己的人生。

對於那些活在「重男輕女」劇本中的女孩，她們又該如何改變，才能點亮自己的人生呢？

首先，認同自己的價值。她們必須明白，從出生那一刻起，自己就一直在被父母灌輸錯誤的觀念。女孩有權利拒絕外界對自己的定義，更有權利進行自我定義。一個女孩只有意識到性別無法決定自己的價值，才可以真正自由地面對生活。

其次，允許自己脆弱，並學會示弱。脆弱是人類共有的特質，但當「女孩」這個身分成為自己被詛咒的原因，很多女孩就會小心翼翼地藏好自己的脆弱，盡力去呈現自己的堅強。殊不知越是故作堅強，內心越是千瘡百孔。要想改寫自己的人生劇本，就應該允許自己脆弱，並且學會示弱。只有這樣，原生家庭帶來的創傷才有可能真正地被療癒。

最後，勇敢地追求自我實現。要用超越性別的視角，去發現自己身而為人的價值，想明白自己真正想成為一個什麼樣的人，勇敢地向目標進發。

願所有被原生家庭詛咒過的女孩，最終都能擁有不被性別限制的人生。

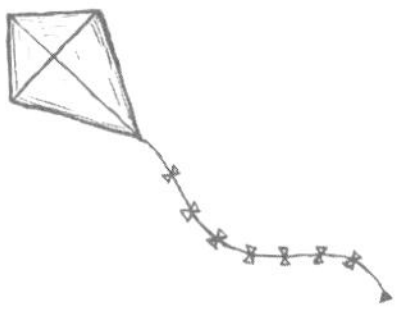

接受失望，是人生的必修課

好朋友有個兒子，剛讀小學。

有一次我們聚會，她略顯焦慮地說兒子對於寫作業這件事很抗拒，老師為此和她溝通過好幾次。當她和兒子溝通的時候，兒子對於自己無法按時完成作業總是表現得很淡定。

好朋友問我：「如果妳是我，妳會怎麼辦呢？」

我說：「我應該會很正式地和他談談，告訴他不完成作業的後果。如果他覺得自己能夠承擔，那就隨他去吧。」

兒子的事還沒完，她女兒那邊又出狀況了。

她發現自己剛滿四歲的小女兒，開始表現出一種不明來由的自卑：老說自己長得醜，沒有其他小朋友好看；不想下樓和社區裡的其他小朋友玩，總說別人不喜歡自己。

我這位好朋友也是一名心理諮詢師，她仔細反思自己撫養和教育孩子的方式，覺得一直很注重讓女兒的情感獲得滿足，那女兒這莫名其妙的自卑究竟是怎麼回事呢？

她找我一起分析，我們想來想去，最後認為孩子應該是天性如此。

無論是兒子抗拒寫作業，還是女兒莫名其妙的自卑，顯然都不是讓人歡喜的事情。如果換成其他的母親，可能會表現得極度焦慮，並想用各種方法去糾正孩子。

但好朋友她很快就接受了現狀：「那就這樣吧，還能怎麼辦呢？」

從事心理類工作的人，很容易養成一種人格特質：什麼事都比較容易接納。他們無論是對待生活，還是對待人際關係，都多了一份寬容，少了一份志在必得的執著。

老話一句，人生不如意事，十之八九。

但在現實生活中，當「不如意」來臨時，並不是每個人都能像我那位好朋友一樣坦然面對。

前幾天來了一位諮詢者，一開始她就感慨道：「楊老師，我終於理解了妳以前和我說的一句話，『如果自己不成長、不改變，走到哪裡，境遇都是一樣』。」

她之前在一家公司上班，因為處理不好人際關係，整天十分痛苦，在決定是否換工作的時候詢問過我的意見，我就和她說了上面那句話。

不過，她當時還是覺得問題不在自身，而是自己正好很不幸地遇到了一些難以合作的同事。最後她還是按照自己的意願辭了職，並很快找到了一份新的工作。

剛到新公司的時候確實很順利，她和我聊天提到辦公室環境如何如何單純，我也為她終於找到了適合自己的工作環境而感到開心。

然而，兩個月之後，她再次陷入了同樣的人際困境，覺得自己很難和同事們相處，每天都心神不寧，導致沒有精力投入工作。

她委屈地問我：「楊老師，我就想找個簡單的工作，大家都和和氣氣的，簡簡單單的，怎麼就這麼難呢？」

她心裡期望的人際關係是和諧、友好、簡單、沒有衝突的。

可是人與人相處怎麼可能沒有衝突呢？

要知道，就連父母和子女之間、最親密的愛人之間，都無法避免爭吵，基於利益合作的同事更不可能沒有衝突。

她人際關係困擾的根源，就在於自己對職場關係不切實際的幻想。拚命追求一個根本不存在的幻象，當然會持續地痛苦。

事實上，執著於追求不存在的東西——這是很多諮詢者的共通性。例如一份完美的工作，一個完美的伴侶，一個聽話的孩子等等。彷彿只有當世界呈現出他們理想中的樣子，他們才能真正地擺脫痛苦。

殊不知，**這世上任何事、任何人都不存在真正的完美。我們要做的便是打破幻象，**

理解並接納真實，包括接納自己的失望。

我有次坐飛機出差去辦一件極其重要的事情，如果有任何閃失，長久以來的工作努力將付之東流。結果我到了機場發現，那趟航班偏偏因突發事件取消了。

那一瞬間，焦急、憤怒、懊悔等複雜的情緒立刻湧上心頭，我的腦海裡閃現出無數的「如果」：如果我能早一點出發，選擇另外一趟航班就好了；如果出差的日期不是今天就好了；如果那件事對我來說沒那麼重要就好了……任何一個「如果」的發生，都能夠讓我避免當下的痛苦和失望，但人生沒有「如果」。

經過短暫的調整，我放棄了有關「如果」的思考。事實已經發生，只需坦然接納。我還記得，那天在機場書店裡買了一本喜歡的書，然後找了一家咖啡店，邊讀書邊喝咖啡，度過了一個美好的下午。

人生的旅途，總是難免遭遇失望。有時候是別人讓我們失望，有時候是自己讓自己失望。當失望來臨的時候，與其憤恨地指責別人或攻擊自己，不如坦然地接納它。

當我們懂得接納時，沿途的苦難都會變成宜人的風景。

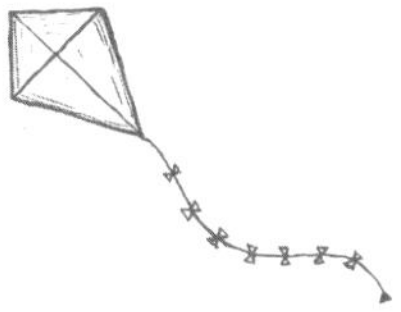

在點滴的改變中，遇見更好的自己

你的朋友中有沒有這樣的人：每年年初，都會因前一年的虛度而悔恨不已，他們仔細盤點著過去在生活和工作中未能完成的事情，並立志在新的一年裡「脫胎換骨」。於是，他們鄭重地列出了自己的新年計畫——每一項都艱巨而複雜。

轉眼半年過去了，他們遺憾地發現，年初列出的計畫，早不知從什麼時候起就被自己擱置在一邊，生活還如往常般隨波逐流。

新年計畫裡那些豪言壯語，再次變成了一個笑話。

看著落滿灰塵的計畫標籤，他們的內心不再泛起一絲漣漪，因為「反正也做不到，乾脆就不難為自己了」「今年也就這樣了，期待明年重新來過」……

想健身、想閱讀、想學習新知識……那麼多美好的追求，很多人之所以很難堅持完成，並不是因為這些事本身有多難，而是因為他們用錯了方法。

朋友小亮在前陣子的體檢中，檢查出了「三高」——高血壓、高血脂、高血糖。醫生指著體檢報告上幾組紅字的數值，囑咐他一定要注意養成健康的飲食和生活習慣，不然很可能引發中風。

聽完醫生的勸誡，他心有餘悸，並下定決心多運動，發誓把「三高」數值降下來。小亮選擇了早起跑步。剛開始的時候，早晨六點鐘，大多數人還沒起床，他已經跑玩了，並在社群裡朋友準時「打卡」。

第一天七公里、第二天八公里、第三天缺席、第四天缺席、第五天十公里、第六天缺席、第七天缺席……過沒幾天，小亮的「打卡」便在社群裡徹底消失了。

實際上，他之所以無法堅持，是因為陷入了「自殺式努力」。

他不顧身體情況，違背健身常識，一開始就超負荷地跑步，且持續「加碼」。這樣的運動當然很難堅持下去，也容易透支身體，得不償失。

美國行為設計學創始人福格博士認為，一切行為都可以設計，而行為設計的關鍵準則，是簡單。

人類與生俱來的天性，決定了我們大多數人很難長期堅持做讓自己感覺痛苦的事情。那些艱巨的目標或任務，常常讓我們在執行的過程中逐漸對自己感到失望，最終選擇放棄。

以他的健身計畫為例，早起跑七公里，對於任何一個初次嘗試晨跑的人來說都不是一個簡單的任務，但如果他把「晨跑七公里」換成「午休時間做十個深蹲」，是不是就簡單多了？也更容易堅持下去？

總之，我們要想改變自己，重點不是大刀闊斧地對自身進行「改革」，而是先從養成一個個的「小習慣」開始。「小習慣」也許沒那麼吸引人，卻是一種可持續的成功。

關於「小習慣」的建立，福格博士提出了一套「行為設計」，即錨點時刻、新小行為和立即慶祝。

錨點時刻是一種提示，驅動我們去執行新小行為。它可以是某個日常的生活習慣，或者是某件每天必然會發生的事情。利用這些錨點時刻，我們可以順帶完成新小行為，例如午休時間練習深蹲，開車途中聽本有聲書等等。執行完小行為，別忘了立即慶祝，讓自己產生積極的情緒，可以是小小的自我鼓勵，比如告訴自己「我真的很棒」。

每個人的自我改變，都是一個循序漸進的過程，最忌諱的就是自己的急切心態。我們要學會做時間的朋友，與三不五時來一次劇烈運動相較，每天十分鐘的鍛鍊，更容易堅持，效果也更好。

不僅是運動，凡是我們想改變的地方，例如學習、閱讀、交友等等，都可以先從建立一個「小習慣」開始，簡單、輕鬆地逐漸完成改變。

所有改變的發生，都應該是為了通向更美好的自我，而不是為了迎合外界或自身的某種偏見。

換言之，**我們不必為了改變而刻意地、痛苦地改變，學會建立「小習慣」，改變就成了一件易於堅持的、快樂的事。在點滴的改變中，我們終將遇見更好的自己。**

正如紀伯倫所言：「如果有一天，你不再尋找愛情，只是去愛；你不再渴望成功，只是去做；你不再追求空泛的成長，只是開始修養自己的性情；你的人生，一切才真正開始。」

你那麼焦慮，也許是缺少這種能力

最近幾年，我身邊突然冒出了很多創業者。

他們每天做著千篇一律的創業「規律動作」：看顧客提出的諮詢、混圈子、找人脈，參加各種可能為自己帶來資源的活動……好像新世界的大門即將開啟，只要有個新奇的創意，明天自己就能成為第二個比爾．蓋茲。

我曾和一些創業成功者深度溝通過。他們描述了自己被聚光燈照不到的另一面：那些創業過程中付出的艱辛，無數次深夜裡的痛哭，多少次想放棄卻心有不甘的掙扎，活脫脫是一部血淚史！創立團隊、融資、專案開發……在整個漫長的創業過程中，每個環節都充滿了坎坷。

我發現，創業從來都不是一件容易的事。

很多人只看到了各種媒體報導中成功者們快意、光輝的一面，卻忽視了他們背後無數的掙扎和困苦。這使他們形成了一種認知上的錯覺：成功，好像是一件信手拈來的事情。

我們的認知，大多是由外界的聲音構建。

我們總是缺乏獨立思考，常不假思索地認為所看到或聽到的世界，就是真實的世界。在這種認知錯覺的基礎上，高估了自我價值：既然成功是一件容易的事，如果我不成功，豈不是說明我很差勁？

誰能夠心甘情願地承認自己差勁？於是，我們選擇不遺餘力地去證明自己做得到、自己能成功。

追求成功本沒有錯。無論是世俗意義上的成功，還是自我價值體系內認定的成功，只要能夠給你帶來真實的滿足感、存在感，都是值得追求的。

問題在於，如果你低估了追求成功的難度，缺乏對自己能力的正確評判，一味追求快速的成功，那麼在可能遇到的壓力和困難前，就會陷入極度的焦慮和迷茫，從而耗盡自己的心理能量。

大多數人的焦慮，其實都源於缺乏「延遲滿足」的能力。延遲滿足是指一個人能夠放棄當下短暫即時的滿足，甘願等待更有價值的長遠結果，並在等待中展示的自我控制能力。

關於「延遲滿足」，心理學界有一個著名的「棉花糖實驗」。

二十世紀的六〇年代，在美國一所幼稚園裡，研究人員找來數十名年齡相近的兒童，讓他們每人單獨待在一個小房間裡。房間裡的桌子上，放著孩子們愛吃的棉花糖。

研究人員告訴這些兒童，可以選擇馬上吃掉棉花糖，也可以等研究人員回來時再吃，但是若堅持到研究人員回來後再吃，作為獎勵還可以再得到一塊棉花糖。

結果，大多數孩子堅持不到三分鐘就忍不住吃掉了棉花糖，只有大約三分之一的孩子成功延遲了自己的欲望，得到了獎勵。

此後十幾年，研究人員繼續對參與實驗的孩子們進行跟蹤觀察，最終得出結論：那些為了獲得獎勵而付出等待的孩子，比那些缺乏自制力的孩子更加容易成功。

「延遲滿足」可以說是當代人普遍缺乏的一種能力。

看看我們周圍，多少人沉迷網路短片欲罷不能，只因無法捨棄感官刺激帶來的短暫快樂；多少人下定決心想要減肥，健身幾天後感覺體重沒什麼變化，於是宣告放棄；多少人立志養成早起閱讀的習慣，結果沒幾天，手中的書又變成了手機……

就像我在前文提到的那些迫切追求成功的創業者們，實際上他們追求的只是「即時滿足」，像是「創業者」這一身分能幫助他們快速實現虛妄的自足，高學歷、高收入、高個子「三高」的虛假光環能立刻為他們迎來別人崇拜、羡慕的目光。

因為缺乏「延遲滿足」的能力，他們既未在心態上做好準備，又無法在個人能力方面不斷提升自我，所以一旦遇到真正的困難，便毫無應對之法，從而陷入焦慮和痛苦。

那麼我們如何才能養成「延遲滿足」的能力？

一、找到自己的節奏

我們在生活中總是習慣性地給自己找「參考範本」，以此確認自己的位置。

例如「小張剛剛換了名車！」「小王最近升職了！」「小李嫁給了大老闆的兒子！」

記住，不要讓外界的資訊過度干擾、對自身價值的判斷，要找到自己的節奏，堅信哪怕每天只進步一點點，最終也能達到到達嚮往的目標。

二、牢記自己的目標

沒有什麼事情是一帆風順的，我們在追求成功的道路上必然會遇到挫折。

面對挫折，由於心智模式的不同，每個人的表現便不同：有人會被挫折打敗，直接繳械投降；有人則越挫越勇，最終走出低谷。

當我們的意志被挫折動搖的時候，不妨試著問問自己：「我原本的目標是什麼？」「達成目標時是什麼樣子？」「如果目標實現了，我會有多滿足？」

牢記自己的目標，也許我們就不會那麼容易放棄。

三、在小事中「馴服」自己

「延遲滿足」的能力，本質上是專注力和耐力的堆疊。這兩種能力的提升，需要我們從小事開始練習。

以我自己為例，在工作的時候為避免分心，會刻意將手機放到較遠的地方，專注於完成眼前的工作。另外，我習慣給自己列一些易於實現的計畫，比如堅持二十一天跑步，運動量小一點沒關係，重要的是一定要去執行。

總之，透過小事「馴服」自己，逐步提升自信，我們最終才能養成「延遲滿足」的能力。

人生難題的特效藥

因為工作關係，我最近認識了一位女性企業家。

她很厲害，用了兩年的時間就把公司做到了業界第一，公司規模日益壯大，最近正在忙著公司上市的事。

一次和她聊天，我說：「現在應該是妳人生中的巔峰時刻吧？妳人生最灰暗的時候，是什麼樣的呢？」

接著，她便說起了創業前的一段經歷。

那時候，她剛開始自己的第二段婚姻，不久懷了第二胎，正當她開心地等待著新生命到來的時候，卻意外地發現老公出軌了。老公倒也「敢作敢當」，坦然承認自己愛上了別的女人。

於是在生完小孩後，她結束了這段婚姻，帶著兩個孩子離開了家。因為沒多少積蓄，很快在經濟上就捉襟見肘了。

有一次她請朋友幫忙代購奶粉，朋友告訴她兩千元，她突然發現自己翻遍所有的提款卡，都湊不出來那筆錢。

從那一刻開始，她決定改變去創業，給孩子創造更好的生活。

當命運將她推向人生的谷底，反倒激發出了她內在驚人的力量。後來，她透過不懈的努力最終成就了現在的事業。

我的諮詢者小陳，人生一直處於一種痛苦的狀態。

提起自己痛苦的原因，他說：「我始終不明白，為什麼我媽就不能像別人的媽媽那樣理解和支持孩子，而是一味地要求我聽她的話呢？」

聽完他的話，我知道這又是一個「真實自我未被看見」的案例。

因為真實的自我從小未被看見，小陳在成長過程中習慣了迴避和母親的溝通。當有些事不得不需要溝通的時候，他通常都會被無意識的憤怒主宰，選擇和母親大吵一架。

小陳找我諮詢過很多次。

最初，幾乎每一次我都和他強調：「媽媽也許就是無法理解、支持你，那你能不能接受這樣的事實呢？」

小陳不會正面回答我的問題，而是一次又一次地向我傾訴母親最近又如何跟自己發生衝突，自己為此如何傷心等等。

每當這個時候，我都會安慰他：「我看見你很痛苦，但是沒關係，現在時間還沒到，總有一天你會發現自己再也不會為此痛苦。」

直到最近一次諮詢，他對我說：「我不再期待我媽媽能理解我，我也沒以前那麼痛苦了，而且我發現，有些時候她是理解我的。」

我知道，小陳痛苦到極點後終於「放手」了。

我們常常期待對方能拿出一百分的表現，可是對方只能做到六十分，這種心理落差就是我們痛苦的根源。但當我們學會「放手」，主動降低自己內心的期待，甚至不抱期待——哪怕零分也能接受，這個時候對方表現出的六十分，帶給我們的自然就變成了快樂和驚喜。

有朋友問我：「很多人都想改變自己，例如想早起、想運動、想控制自己的情緒，但為什麼很難真正做到？」

這個問題如果從心理的角度分析，答案有很多種，例如因為無法做到延遲滿足、因為從這些事情上很難獲得愉悅感、缺乏驅動力、因為這些事情是「超我」發出的指令，而「本我」又與之對抗等等。

但在我看來，這個問題的最佳答案是：因為還不夠痛苦。

痛苦，常常能為我們人生中遇到的很多難題催生出兩種特效藥：一種叫「做吧」，另一種叫「算了吧」。

我非常喜歡的作家王小波曾說：「人的一切痛苦，本質上都是對自己無能的憤怒。」這句話可以理解為：大多數人的痛苦，是因為既沒有像那位女性企業家那種「做吧」的勇氣，又缺乏像諮詢者小陳那種「算了吧」的坦然，最終將自己置於痛苦的境地。

我讚賞那些在痛苦中激發勇氣並實現絕地反擊的人，他們是鬥士；我也讚賞那些能夠對人生難題說「算了吧」的人，他們是智者。

不畏困難固然可貴，我也認同每個人都需要「做吧」的勇氣，但當遇到無解的難題，還有比「算了吧」更好的解答方式嗎？

不要小看「算了吧」，它還有一個專業的名字，叫「與自我和解」。

重申一遍，人生難題特效藥，一種叫「做吧」，另一種叫「算了吧」。

對症下藥，百病全消。

國家圖書館出版品預行編目資料

假裝自己很外向，你在迎合什麼？——外向孤獨者的勇氣之書／楊思遠 著.
初版. -- 臺北市：圓神出版社有限公司，2023.02
208 面；14.8×20.8公分. --（勵志書系；153）
ISBN 978-986-133-859-0（平裝）
1. CST：人格心理學 2. CST：自我心理學
173.75 111020415

Eurasian Publishing Group
圓神出版事業機構
用心與你對話．視野無限寬廣
圓神出版社
Eurasian Press

www.booklife.com.tw reader@mail.eurasian.com.tw

勵志書系 153

假裝自己很外向，你在迎合什麼？

外向孤獨者的勇氣之書

作　　者／楊思遠
發 行 人／簡志忠
出 版 者／圓神出版社有限公司
地　　址／臺北市南京東路四段50號6樓之1
電　　話／（02）2579-6600．2579-8800．2570-3939
傳　　真／（02）2579-0338．2577-3220．2570-3636
副 社 長／陳秋月
主　　編／賴真真
責任編輯／林振宏
校　　對／林振宏．歐玟秀
美術編輯／林雅錚
行銷企畫／陳禹伶．林雅雯
印務統籌／劉鳳剛．高榮祥
監　　印／高榮祥
排　　版／陳采淇
經 銷 商／叩應股份有限公司
郵撥帳號／18707239
法律顧問／圓神出版事業機構法律顧問　蕭雄淋律師
印　　刷／祥峯印刷廠
2023年2月 初版

原簡體中文版：《假裝自己很外向：你在迎合什麼》
楊思遠 著

定價 280 元　ISBN 978-986-133-859-0